l'antidoto

l'antidoto

Comitato scientifico

Luca Baldissara, Salvatore Botta, Fulvio Cammarano, Maddalena Carli, Michele Cento, Filippo Focardi, Gian Luca Fruci, Ilaria Pavan (coordinamento redazionale), Carmine Pinto.

Il comitato scientifico non ha un direttore, ma un coordinatore redazionale che organizza i lavori della collana

Nata da un'idea di Fulvio Cammarano, la collana "l'antidoto" ospita volumi che intendono decostruire e confutare interpretazioni e narrazioni prive di credibilità scientifica, ma che ormai fanno parte dell'immaginario pubblico e storiografico. La collana nasce dunque per rispondere alla sfida di una diffusa "domanda di storia" alla quale il mondo della ricerca non può sottrarsi. Agili ma rigorosi, i volumi sono realizzati con criteri scientifici e sottoposti a referaggio. Il loro obiettivo è quello di ricostruire vicende al centro di controversie interpretative, fornendo un antidoto a invenzioni, approssimazioni, mitografie che spesso, più del falso conclamato, diffondono forme di autentica "fake history". Muovendosi tra opinione pubblica e storiografia, la collana non intende solo contestare ricostruzioni infondate, ma anche suggerire un approccio alla conoscenza che restituisca la complessità dei fenomeni e promuova il ruolo del metodo storico nel dibattito pubblico.

Chiara Dogliotti

Come pesci nell'acqua

Le Brigate rosse e i contesti della violenza politica

viella

DOGLIOTTI, Chiara
    Come pesci nell'acqua : le Brigate rosse e i contesti della violenza politica / Chiara
Dogliotti. - Roma : Viella, 2022. - 124 p. : tab. ; 21 cm. (L'antidoto ; 4)
    Indice dei nomi: p. [121]-124
    ISBN 978-88-3313-892-3
    1. Brigate rosse   2. Terrorismo - Italia - 1970-1990
322.420945 (DDC 23.ed)   Scheda bibliografica: Biblioteca Fondazione Bruno Kessler

viella
libreria editrice
via delle Alpi, 32
I-00198 ROMA
tel. 06 84 17 758
fax 06 85 35 39 60
www.viella.it

Indice

Introduzione

Nell'ottobre del 2013 il giornalista genovese Andrea Casazza diede alle stampe un libro intitolato *Gli imprendibili. Storia della colonna simbolo delle Brigate rosse*[1] che, a dispetto del titolo, si concentra soprattutto sulle vicende giudiziarie di un gruppo di militanti dell'estrema sinistra genovese, accusati di appartenere alle Br e poi, nella quasi totalità dei casi, assolti da ogni imputazione dopo una lunga e tormentata teoria di processi, arresti e detenzioni: una storia che localmente viene ricordata come il 7 aprile genovese, con riferimento evidentemente al più noto caso padovano.

La scelta di riservare ampio spazio a quell'episodio in un libro dedicato alla colonna genovese è funzionale alla denuncia della criminalizzazione della sinistra antagonista attuata dal Partito comunista, secondo l'interpretazione più diffusa nell'ambito della sinistra extraparlamentare e accolta dall'autore. Dall'adozione di questa tesi al linguaggio utilizzato, tutto in questo libro suggerisce l'assunzione del punto di vista dei militanti autonomi; scelta legittima ma che porta necessariamente alla produzione di una ricostruzione partigiana, appiattita sulla versione dei fatti di una fazione politica contro un'altra armata. Inevitabile fu la reazione della parte oggetto di critica impietosa; ne scaturì un dibattito che vide protagonisti ex esponenti e simpatizzanti del Pci genovese da un lato e dall'altro figure vicine all'estrema sinistra e che ripropose le stesse polarizzazioni di cir-

---

1. Andrea Casazza, *Gli imprendibili. Storia della colonna simbolo delle Brigate rosse*, Roma, DeriveApprodi, 2013.

ca quarant'anni prima.[2] Pochi mesi dopo la pubblicazione del libro di Casazza, nel marzo del 2014, uscì un volume sul terrorismo nel triangolo industriale negli anni Settanta a cura di Roberto Speciale, già segretario provinciale e regionale e responsabile della Sezione Problemi dello Stato del Pci. Ci troviamo nuovamente di fronte a un titolo fuorviante, in quanto ampia parte del libro è dedicata alla storia del Partito comunista di fronte alla minaccia terrorista e in particolare all'analisi di un documento prodotto dal Pci ligure nel 1978 intitolato *Terrorismo e nuovo estremismo* che era stato duramente criticato dal libro di Casazza.[3]

Questo dibattito risulta estremamente interessante per la ricostruzione dei termini dello scontro tra il Pci e la sinistra extraparlamentare, della difficile posizione della sinistra istituzionale in quel drammatico frangente e sarebbe ingeneroso sottacere gli elementi stimolanti di questo scambio, in particolare, da un lato, la volontà di raccontare una storia complessa e scabrosa senza paura di infrangere miti consolidati e, dall'altro, l'appassionata difesa delle ragioni del Pci da parte di suoi ex militanti che negli esempi migliori rivela un notevole spessore etico e civile.[4] E tuttavia lo stesso dibattito dimostra anche come quel passato sia ancora per molti assai vivo e bruciante, impedendo da parte del discorso pubblico, politico e giornalistico una ricostruzione non partigiana di quegli eventi.

2. Una sintesi delle posizioni del dibattito è ricavabile dal blog Centro In Europa, *Appunti sul terrorismo di ieri. In margine ad un libro di oggi*: https://centroineuropa.wordpress.com/2014/01/07/appunti-sul-terrorismo-di-ieri-in-margine-ad-un-libro-di-oggi/.

3. *Gli anni di piombo. Il terrorismo tra Genova, Milano e Torino. 1970-1980*, a cura di Roberto Speciale, Genova, De Ferrari, 2014.

4. Si vedano ad esempio le parole scritte poco prima della sua dipartita da Gianni Nobile, funzionario del Pci genovese: «Quando noi decidemmo (discutendo parecchio Sig. Casazza!) di combattere le BR e le altre organizzazioni estremiste, è perché nella loro "politica" si negavano, quali funzionali al sistema capitalistico anzi come organiche ad esso, tutte le conquiste che il movimento operaio, dalla liberazione in poi, aveva ottenuto a costo di dure lotte. [...] Senza tenere conto che nel pieno di una crisi si devono sempre fare delle scelte e noi e il movimento sindacale le abbiamo fatte essendo al centro di una lotta feroce in difesa delle istituzioni dove oltre ad essere al fianco di poliziotti, carabinieri, magistrati e giornalisti, che venivano barbaramente assassinati, dovevamo lottare anche contro gli inquinamenti ed i depistaggi trovandoci esposti a provocazioni di ogni genere da parte di apparati dello Stato». Citato in *Gli anni di piombo*, p. 161.

In un articolo scritto da Speciale subito dopo la pubblicazione del libro di Casazza, si sostiene fin al titolo[5] che la ricostruzione storica non possa essere disgiunta da un giudizio di condanna; prescindendo dal fatto che *Gli imprendibili* non è un libro di storia, ma una ricostruzione giornalistica, si tratta di un'affermazione sorprendente che contraddice apertamente una delle basilari e più note regole del lavoro dello storico e che mostra quanto l'urgenza di un giudizio politico esplicito negativo seguiti a costituire la lente esclusiva con cui guardare al fenomeno, come se lo sforzo di comprensione continui a essere percepito come un rischio di contaminazione. Sull'opposto versante l'obiettivo principale sembra essere l'attacco politico alla sinistra istituzionale e in particolare al Pci ritenuto, con una buona dose di vittimismo, tra i principali responsabili della dissoluzione della sinistra extraparlamentare.

All'epoca dei fatti, l'intransigenza delle istituzioni del movimento operaio derivava dalla volontà di espungere i terroristi dall'album di famiglia – per usare la fortunata espressione di Rossana Rossanda che individuava molti nodi importanti, ma che è stata utilizzata come una clava dagli avversari politici della sinistra storica. Pertanto, segnare la distanza dai terroristi era diventato talmente vitale per il Pci da costituire uno degli assi portanti della sua politica; a quel punto per la sinistra istituzionale niente risultava più intollerabile dell'area extraparlamentare che, con mille sfumature anche molto diverse tra loro, era però accomunata dalla mancata condivisione della presa di posizione dalla parte dello Stato sotto attacco. Non stupisce quindi che, da un lato, il Partito comunista venisse considerato progressivamente sempre più il nemico numero uno, non solo dalle organizzazioni armate, ma in generale dal mondo che si muoveva alla sua sinistra, dall'altro che partito e sindacato guardassero a quel mondo con ostilità e sospetto.

Sorprende invece che un dibattito avvenuto nel 2014, circa quarant'anni dopo i fatti, in un paese completamente mutato, in cui tutti i soggetti politici protagonisti all'epoca sono spariti dalla scena e la minaccia della lotta armata è tramontata da tempo, sia ancora così marcatamente segnato da passate appartenenze e rivalità politiche.

5. Roberto Speciale, *Non c'è storia senza condanna*, in «Il Secolo XIX», 9 gennaio 2014.

Questo piccolo aneddoto non è solo indicativo del mancato superamento delle antiche divisioni ideologiche, ma rappresenta anche un
buon esempio di quello che è oggi forse l'elemento maggiormente
inquinante il dibattito pubblico sul tema della violenza politica, ovvero la pervasività del paradigma vittimario.

Sette anni dopo, all'alba del 28 aprile 2021 la polizia francese
trasse in arresto sette cittadini italiani (o di origine italiana, ma natu-
ralizzati francesi) condannati per reati di sangue commessi nel contesto della militanza in formazioni armate nella stagione della violenza politica; il giorno seguente gli arrestati vennero rilasciati per
consentire loro di attendere i tempi tecnici dell'estradizione fuori dal
carcere. Si trattò di un evento di una certa rilevanza perché segnò
il superamento, attraverso la collaborazione e il lavoro congiunto
dei ministri della Giustizia dei due paesi, di quella interpretazione
estensiva della "dottrina Mitterand", contestata a più riprese dalle
autorità italiane, ma a cui la Francia si era fino a quel momento, con
rare eccezioni, sostanzialmente attenuta. L'occasione riaccese l'interesse intorno alla stagione della lotta armata che in quel momento
appariva sopito, ma che dimostrò ancora una volta di procedere con
un andamento carsico, riemergendo a intervalli per riproporre alcuni
temi cruciali per la nostra democrazia, ma anche i linguaggi usati e
le consuete polarizzazioni, talvolta appena aggiornate per rispondere meglio alle esigenze politiche del momento: dal complottismo –
abito mentale che recentemente ha conosciuto un'ampia diffusione,
ma che rispetto alla pubblicistica sul terrorismo costituisce una con-
solidata tradizione[6] – al giustizialismo e alle descrizioni caricaturali
offerte dagli osservatori di destra e di estrema destra.[7]

6. Sulle fortune del complottismo e del suo breve e circoscritto rapporto con
la storiografia sulla lotta armata cfr. Giovanni Mario Ceci, *Il terrorismo italiano.
Storia di un dibattito*, Roma, Carocci, 2013.
    7. La stampa di quest'area ha prevedibilmente soffiato sul fuoco dell'indi-
gnazione in seguito alla scarcerazione degli arrestati e riproposto i propri cavalli
di battaglia di sicuro successo, ma piuttosto rozzi per l'estrema semplificazione e
partigianeria. Qualche esempio: «Libero» il 29 aprile 2021 dà la notizia dell'arresto
con un grande titolo che recita *Arrestati assassini e brigatisti che se la spassavano
in Francia*; «Il Secolo d'Italia» titola il 28 aprile 2021 *Sofri, melodramma su Pietrostefani martire*; Maurizio Belpietro sulle colonne de «La verità» del 29 aprile
2021 arriva a mettere capziosamente in relazione due eventi, legati esclusivamente
dal fatto di essere accaduti lo stesso giorno, come la scarcerazione in attesa di estra-

Assai interessante, invece, è la questione, risultata centrale, della giustizia e del suo rapporto con il tempo e con le garanzie democratiche, ma anche con la storia e la politica:[8] quali strade è preferibile che la giustizia percorra in questo particolare frangente? In quali forme è preferibile che lo Stato chiuda i conti con i suoi passati nemici senza infliggere *vulnus* alla democrazia, ma anche senza concessioni a chi quella democrazia aveva così gravemente minacciato? Deve prevalere la storicizzazione dei fatti delittuosi commessi in un passato ormai superato, che tende quindi a considerare un accanimento inutile l'effettiva applicazione delle pene, o deve prevalere la ragion di Stato che impone, anche in ragione del suo valore simbolico, la condanna dei nemici della democrazia se non altro per placare la legittima sete di giustizia delle vittime? E, infine, in quale modo deve agire oggi la giustizia per poter contribuire al superamento politico di quella stagione, per rispondere ai reali bisogni delle vittime e per pacificare un paese che su questo tema appare molto diviso? Mario Calabresi, pur esprimendo soddisfazione per la giustizia «finalmente rispettata», il giorno stesso dell'arresto affermò di non riuscire a «provare soddisfazione nel vedere una persona vecchia e malata in carcere dopo così tanto tempo».[9]

L'obiezione "umanitaria" all'opportunità dell'incarcerazione di persone ormai anziane venne sollevata anche da una voce che si situa letteralmente sulla barricata opposta rispetto all'ex direttore de «la Repubblica», ovvero Adriano Sofri.[10] L'intervento di Sofri affronta la questione anche dal più generale punto di vista della pro-

dizione degli arrestati in Francia e l'apertura di un'inchiesta giudiziaria in seguito all'uccisione di un rapinatore da parte di un gioielliere, intitolando il pezzo *Buoni con i terroristi, duri con chi si difende*.

8. Tra i tanti interventi su questi temi ricordiamo l'intervista a Luigi Manconi intitolata *Gli arresti dei rifugiati politici negano il diritto*, in «Il riformista», 29 aprile 2021 e quella a Enzo Traverso dal titolo *La retata*, sul sito di «Zapruder», nella rubrica «Storie in movimento», http://storieinmovimento.org/2021/05/07/la-retata-intervista-con-enzo-traverso/.

9. La dichiarazione di Calabresi è stata riportata da diversi media; il giornalista ha pubblicato sul proprio blog un intervento più ampio sotto forma di una sua intervista alla madre Gemma Calabresi, intitolata *La memoria ha le gambe*: https://www.spreaker.com/user/choramedia/00009-08-def.

10. Adriano Sofri, *Giorgio Pietrostefani e la stagione dell'ergastolo ostativo*, in «Il Foglio», 28 aprile 2021.

blematicità dell'esecuzione delle sentenze decenni dopo i fatti. L'articolo dell'ex leader di Lotta continua è molto denso e contiene diversi spunti interessanti, anche se in alcuni passaggi il tono assume accenti eccessivamente patetici. Se questi toni sono comprensibili in persone coinvolte in prima persona in questi eventi drammatici,[11] risultano più disturbanti quando vengono assunti in ragione di appartenenze ideologiche, tanto più quando poca o nessuna attenzione viene dedicata dalle stesse voci al dramma delle vittime della violenza politica. Questa incongruenza tra l'esibizione di acuta sensibilità nei confronti dei propri drammi e di cinico distacco rispetto a quelli delle parti avverse è qualcosa che caratterizza gran parte della galassia extraparlamentare degli anni Settanta e che ancora si percepisce nel discorso dell'estrema sinistra su questi temi. Si torna, per esempio, al ricorso alle abusate categorie della "giustizia a orologeria" e della "vendetta di Stato" per mettere in discussione ancora una volta la reale democraticità della Repubblica.[12] Se il vittimismo è un male antico dell'estrema sinistra, oggi risulta corroborato dalla pervasività del paradigma vittimario che informa la lettura dei fatti non solo di una componente minoritaria come quella della sinistra radicale, ma del discorso pubblico nel suo complesso. Il dibattito tende così a involversi in una mera contrapposizione di lutti, quasi che lo *status* di vittime fosse un requisito essenziale per dare credibilità e autorevolezza alla propria voce e legittimità alle proprie posizioni e una questione storica e politica viene ridotta a una dimensione esclusivamente privata.[13] Donatella Di Cesare ha evidenziato che «uno dei grandi problemi posti dalla testimonianza della vittima è proprio la possibilità che il peso incommensurabile delle sue parole finisca per interdire ogni domanda, per frenare o trattenere ogni questione».[14]

11. Sofri è amico e coimputato – come mandante dell'omicidio del commissario di polizia Luigi Calabresi, padre di Mario – di uno degli arrestati in Francia, Giorgio Pietrostefani.

12. Cfr. per esempio Tommaso Di Francesco, *Ombre rosse, la vendetta*, in «il manifesto», 29 aprile 2021, da cui ho tratto le espressioni citate tra virgolette, o la vignetta di Vauro per «Left» disponibile in rete qui: https://www.facebook.com/LeftAvvenimenti/photos/a.307814771941/10159536278066942/.

13. Si veda in proposito l'interessante analisi di Donatella di Cesare, *Gli anni 70 non furono solo piombo*, in «La Stampa», 6 maggio 2021.

14. Ivi.

Inevitabilmente, infatti, si tende a chiudersi in un sofferto silenzio per l'emozione che si prova di fronte dolore dei parenti delle vittime tanto duramente e ingiustamente colpiti, ma ciò non dovrebbe inibire, come talvolta accade, uno sforzo di analisi che contempli i punti di vista diversi e divergenti, le memorie contrapposte, le contestualizzazioni, insomma tutte le distinzioni e le sfumature di una storia complessa che non smette di interrogare il presente.

Si è scelto di riportare queste vicende non perché costituiscano eccezioni, ma al contrario come esempi tra i tanti di un discorso pubblico sovente segnato da animosità, sentimentalismo, furore ideologico, cui non raramente si accompagna una nebulosità impressionistica per quanto riguarda le categorie, i termini della questione, la periodizzazione, i confini tra ambiti diversi, tra responsabilità penale e politica, tra violenza politica, illegalità e terrorismo, tra appartenenze ideologiche e connivenze politiche e collaborazioni operative. Non è facile districarsi tra questioni effettivamente complesse e scivolose, ma a intorbidire ulteriormente il discorso pubblico hanno contribuito le lotte politiche e le conseguenti strumentalizzazioni che su questo terreno non hanno mai smesso di misurarsi.

Lo stato dell'arte del discoro pubblico contrasta con quello della storiografia e delle scienze sociali che hanno cominciato a confrontarsi con il tema già a ridosso dei fatti e che negli anni più recenti hanno affrontato ampiamente l'argomento, approfondendo e affinando l'analisi su vecchie piste di ricerca e aprendone di nuove. Negli ultimi vent'anni, infatti, sono proliferati gli studi, sia tratteggiando quadri globali del fenomeno, sia attraverso ricostruzioni di aspetti specifici e significativi, quali il rapporto tra mondo cattolico e violenza politica, l'incubazione della stagione delle armi, il punto di vista delle nazioni straniere sul terrorismo italiano e i suoi legami internazionali, l'atteggiamento delle vittime, dei militanti, della politica e della magistratura di fronte alla fine della stagione della lotta armata.[15] Inoltre, ha conosciuto un considerevole sviluppo, non

---

15. Si vedano, nell'ordine, Guido Panvini, *Cattolici e violenza politica. L'altro album di famiglia del terrorismo italiano*, Venezia, Marsilio, 2014; Gabriele Donato, *«La lotta è armata»*, Roma, DeriveApprodi, 2013; *Il mondo della guerra fredda e l'Italia degli anni di piombo. Una regia internazionale per il terrorismo?*, a cura di Valentina Lomellini, Firenze, Le Monnier, 2017; Giovanni Mario Ceci, *La Cia e il terrorismo italiano*, Roma, Carocci, 2019; Monica Galfré, *La guerra*

solo in Italia, lo studio dei temi legati alla reazione al terrorismo – le misure repressive e investigative adottate, il tema dell'equilibrio tra difesa dello Stato e tenuta delle garanzie democratiche – anche in conseguenza delle nuove drammatiche sfide poste dal terrorismo islamico internazionale. Negli ultimi anni, la storiografia italiana è ricorsa più frequentemente all'approccio comparativo, fino a quel momento poco frequentato, che consente di ricollocare le espressioni di violenza politica nel più ampio contesto del decennio dei Settanta in Occidente e di cogliere con maggiore precisione le peculiarità delle diverse situazioni e al contempo gli elementi di affinità, contribuendo a fornire elementi per un'interpretazione più sofisticata e complessa del fenomeno.[16]

Con l'affacciarsi della minaccia degli attentati di matrice islamista all'inizio del nuovo millennio, si è acceso un notevole interesse per il tema della violenza come oggetto storiografico, del concetto di violenza politica, delle loro diverse accezioni nelle differenti epoche storiche[17] e i *terrorism studies* hanno conosciuto una rapida e considerevole espansione. Parallelamente, la ricerca ha cominciato a confrontarsi con il decennio Settanta nei suoi diversi aspetti

è finita. L'Italia e l'uscita dal terrorismo 1980-1987, Roma-Bari, Laterza, 2014 e Anna Cento Bull, Philip Cooke, *Ending Terrorism in Italy*, London-New York, Routledge, 2013.

16. Per una ricostruzione accurata della storiografia e del dibattito sul terrorismo e sulla violenza politica in Italia cfr. Barbara Armani, *La produzione storiografica, giornalistica e memoriale sugli di piombo*, in *Il libro degli anni di piombo. Storia e memoria del terrorismo italiano*, a cura di Marc Lazar e Marie-Anne Matard-Bonucci, Milano, Rizzoli, 2020, p. 217 e Ceci, *Il terrorismo italiano*.

17. Cfr. tra gli altri: Luca Baldissara, *Culture della violenza e invenzione del nemico*, in «Contemporanea», 3 (2006), pp. 509-517, p. 514; Lorenzo Bosi, Maria Serena Piretti, *Violenza politica e terrorismo: diversi approcci di analisi e nuove prospettive di ricerca*, in «Ricerche di storia politica», 3 (2008), pp. 265-272; Fernando Fasce, Aldo Giannuli, *La categoria del terrorismo: la sua pertinenza storica e l'uso adottato dai mezzi di informazione*, in *I rossi e i neri*, a cura di Mirco Dondi, Nardò, Controluce, 2008, pp. 31-98; *Storia del terrorismo*, a cura di Arnaud Blin e Gérard Chaliand, Torino, Utet, 2007; Luigi Bonanate, *Terrorismo, politica e virtù*, in «Passato e presente», 60 (2003), pp. 29-38, p. 29; David Rapoport, *Modern Terror: The Four Waves*, in *Attacking Terrorism: Elements of a Grand Strategy*, a cura di Audrey K. Cronin e James M. Ludes, Washington DC, Georgetown University Press, 2004, p. 46; Enzo Traverso, *Studiare la violenza*, in «Contemporanea», 3 (2006), pp. 494-499, p. 494.

economici, politici e sociali senza appiattire l'intero decennio sulla sola dimensione della violenza, ma cercando di restituire una chiave di lettura interpretativa di un'epoca per molti versi considerata periodizzante, mettendo maggiormente in luce il rapporto tra caso italiano e contesto internazionale e riflettendo sull'ambivalenza di questi anni insieme di approfondimento e di crisi della democrazia, anni contraddistinti da un deciso sforzo riformista e da importanti conquiste operaie e allo stesso tempo dalla più grave minaccia alle istituzioni e alla democrazia di tutta la storia repubblicana;[18] e tuttavia la storia della violenza politica raramente viene posta in relazione con la storia generale del decennio.[19] Da un lato, quindi, ci troviamo di fronte a una nuova stagione di studi ricca e articolata che, in virtù del cambio generazionale, delle nuove fonti a disposizione, della caduta delle vecchie gabbie ideologiche e di una maggiore attenzione al contesto internazionale, sembra essersi affrancata da paradigmi interpretativi datati e fortemente influenzati dai punti di vista soggettivi degli attori coinvolti, dall'altro persiste la difficoltà a storicizzare un fenomeno che è stato ancora poco indagato negli

---

18. Cfr. Giuliano Amato, Andrea Graziosi, *Grandi illusioni. Ragionando sull'Italia*, Bologna, il Mulino, 2013; *L'Italia degli anni Settanta. Narrazioni e interpretazioni a confronto*, a cura di Fiammetta Balestracci e Catia Papa, Soveria Mannelli, Rubbettino, 2019; Luca Baldissara, *Le radici della crisi. L'Italia tra gli anni Sessanta e Settanta*, Roma, Carocci, 2001; Id., *I lunghi anni Settanta. Genealogie dell'Italia attuale*, in *Parole e violenza politica. Gli anni Settanta nel Novecento italiano*, a cura di Giuseppe Battelli e Anna Maria Vinci, Roma, Carocci, 2013, pp. 31-47; Edward D. Berkowitz, *Something Happened. A Political and Cultural Overview of the Seventies*, New York, Columbia University Press, 2006; Simona Colarizi, *Un paese in movimento. L'Italia negli anni Sessanta e Settanta*, Roma-Bari, Laterza, 2019; Alberto De Bernardi, Valerio Romitelli, Chiara Cretella, *Gli anni Settanta. Tra crisi mondiale e movimenti collettivi*, Bologna, Archetipolibri, 2009; Tommaso Detti, Giovanni Gozzini, *L'età del disordine. Storia del mondo attuale, 1968-2017*, Roma-Bari, Laterza, 2018; Guido Formigoni, *Storia d'Italia nella Guerra fredda (1943-78)*, Bologna, il Mulino, 2016; Umberto Gentiloni Silveri, *L'Italia sospesa. La crisi degli anni Settanta vista da Washington*, Torino, Einaudi, 2009; *L'Italia repubblicana nella crisi degli anni Settanta*, a cura di Agostino Giovagnoli e Silvio Pons, Soveria Mannelli, Rubbettino, 2003; Paolo Soddu, *La via italiana alla democrazia. Storia della Repubblica 1946-2013*, Roma-Bari, Laterza, 2017.

19. Monica Galfré, *Violenza politica e terrorismo tra storia e storiografia*, in *L'Italia degli anni Settanta*, pp. 77-79.

aspetti concreti dell'esperienza e nei suoi legami con il contesto storico in cui matura.

Questo libro si concentra su un particolare aspetto del fenomeno della violenza politica nell'Italia degli anni Settanta, ovvero il rapporto tra formazioni armate che praticavano una forma di lotta terrorista e il contesto in cui operavano, in particolare con il vasto arcipelago della sinistra cosiddetta rivoluzionaria. Abbiamo già accennato al fatto che questo rapporto, nel dibattito politico, nella narrazione dei media e nella memorialistica, è stato sovente ostaggio di una sorta di divisione manichea tra chi lo ha descritto come di assoluta estraneità e alterità e chi lo ha letto come un legame assai stretto in cui i confini tra i due termini erano labili e porosi al punto da costituire un *continuum* in cui è possibile distinguere nulla più che differenti gradi di coinvolgimento nel medesimo progetto politico e criminale. La prima interpretazione prevale nei racconti dei protagonisti della stagione dei movimenti e nella memorialistica prodotta dagli esponenti dei gruppi terroristi – entrambi generalmente concordano sull'assenza di legami e sulla contrapposizione perfino fortemente ostile che opponeva gli uni agli altri, sebbene negli ultimi anni siano state date letture parzialmente diverse anche da parte di questi soggetti politici.[20] Questo punto di vista sta conoscendo, in generale, un certo declino, sia perché il testimone agente della violenza ha lasciato progressivamente spazio ad altri che si collocano tra le vittime e tra coloro che repressero la violenza armata, sia perché la nuova disponibilità di fonti giudiziarie e il loro esame da parte degli studiosi ha messo in luce alcuni momenti e alcune aree di contaminazione e di complicità tra la galassia armata e quelle porzioni del movimento a essa più contigue. Pur considerando le ovvie cautele e le note criticità che questo tipo

---

20. Un esempio è fornito dallo scambio tra il giornalista ed ex brigatista delle Br Ucc negli anni Ottanta Paolo Persichetti e il giornalista ex militante di Potere operaio Andrea Colombo in occasione della morte di Prospero Gallinari: mentre Colombo sostiene la distanza tra le Brigate rosse e il movimento guardato "con sospetto" in nome di un'aderenza dogmatica al marxismo-leninismo, Persichetti rivendica il *pastiche* ideologico delle Br come un sintomo della duttilità dell'organizzazione e della possibilità di un suo inserimento nel più ampio mondo della sinistra rivoluzionaria. Si veda *Chi era Prospero Gallinari?*, in «Insorgenze», https:// insorgenze.net/2013/01/16/chi-era-prospero-gallinari/.

di fonti comporta, va evidenziato l'importantissimo contributo di questa documentazione che, del resto, costituisce una fondamentale risorsa per gli storici e che, in questo caso, ha avuto, tra l'altro, l'indubbio merito di mettere in discussione oleografie basate su ricostruzioni parziali e su lenti ideologiche che con il tempo hanno mostrato la loro prospettiva deformante. E tuttavia, si avverte il rischio, opposto rispetto alle vulgate assolutorie in auge in passato, che questa contiguità venga sovrastimata ed estesa indebitamente: questa narrazione rischia così di uniformare, cancellare differenze e trascurare le cronologie, appiattendosi su una prospettiva criminalizzante mutuata da quella di parte delle istituzioni preposte a reprimere il terrorismo, laddove, dal puto di vista storico, sarebbe invece necessario distinguere, cogliere le difformità, periodizzare per poter comprendere i fenomeni in esame. Riferendosi alla famosa espressione di Mao secondo cui «il popolo è l'acqua e il soldato è il pesce», infatti, alcuni esponenti delle istituzioni civili e militari impegnate nel contrasto del terrorismo e della *petite guerre*, dai tempi della guerra in Algeria ai giorni nostri, hanno sostenuto che per contrastare efficacemente il terrorismo è necessario colpire l'ambiente entro cui esso vive e si propaga trovando riparo, sostegno, simpatia e fiancheggiamento.

Negli atti della Commissione Moro è pubblicato il consuntivo del 14 ottobre del 1979 redatto da Carlo Alberto Dalla Chiesa, in cui il generale lamenta la mancata attuazione di provvedimenti da lui proposti alle istituzioni politiche per coadiuvare il lavoro delle forze antiterroriste che avrebbero reso difficile la possibilità per i terroristi di «nuotare come pesci in acqua»,[21] ritenendo che agire sull'ambiente dei simpatizzanti e dei sostenitori avrebbe reso più agevole la repressione del fenomeno. La citazione di Mao, parafrasata in vario modo, è soprattutto presente nel discorso dei media sulla lotta al terrorismo a cavallo tra i Settanta e il decennio successivo, quando una serie di retate e operazioni di polizia su vasta scala colpiscono gli ambienti della sinistra rivoluzionaria; per qualche

---

21. Commissione parlamentare d'inchiesta sulla strage di via Fani, sul sequestro e l'assassinio di Aldo Moro e sul terrorismo in Italia, vol. 8, pp. 387-600, citato in Vladimiro Satta, *I nemici della Repubblica. Storia degli anni di piombo*, Milano, Rizzoli, 2016, e-Book.

tempo la repressione nell'ambito dell'area politica che idealmente circonda la lotta armata sembra infatti la strategia vincente per sconfiggere il terrorismo.

Anche la pubblicistica legata all'estrema sinistra cita spesso questa frase, ma in questo caso per stigmatizzare quella che viene interpretata come una strategia politica ordita dai partiti protagonisti del compromesso storico per reprimere il dissenso e distruggere il movimento a sinistra del Pci, presentato come l'autentico interprete delle istanze e dei bisogni delle masse. In un articolo intitolato proprio *Siamo i pesci nel mare* sul giornale «Autonomia», questa organizzazione denuncia la supposta inefficacia della politica repressiva, rivendicando al contempo la propria identità di pesce che nuota in un mare amico, materno, simbiotico: la consueta similitudine qui viene impiegata per illustrare la natura dei gruppi autonomi come entità interne a una classe sociale in tutte le sue articolazioni e da questa inscindibili e la loro strategia, opposta a quella delle Brigate rosse, di porsi all'interno delle lotte di massa, come una sorta di coordinamento della «spontanea violenza proletaria»:

> La rabbia impotente che unisce carabinieri – polizia – magistratura è frutto delle lotte sulla casa, sui trasporti, nella scuola, dei comportamenti autonomi di classe, della loro organizzazione territoriale, di ricomposizione. Per questo al loro progetto opponiamo il nostro, ma in tutta la sua ricchezza, perché sperare di asciugare il mare con un secchio, per quanto grosso, è difficile, e noi dentro questo grosso mare ci siamo nati, ne siamo parte, e l'isolarci è solo un sogno ben lontano; infatti, noi rilanciamo il terreno di massa contro la repressione e rilanciamo le lotte.[22]

Il riferimento polemico in questo caso è soprattutto l'inchiesta giudiziaria condotta a Padova da Pietro Calogero che individua uno spazio politico preciso, ovvero quello dell'autonomia operaia, che non è imputata di un generico atteggiamento simpatizzante rispetto alla lotta armata, ma di un collegamento più strutturato con il maggiore gruppo terrorista italiano: dal convincimento dell'esistenza di uno strettissimo rapporto tra i vertici di Autonomia operaia e quelli delle Brigate rosse, discende un'interpretazione criminalizzante

22. *Siamo i pesci nel mare*, in «Autonomia», 15 febbraio 1979, p. 12.

della militanza in questa area. Nel caso invece della strategia investigativa del generale Dalla Chiesa, le maglie erano più larghe e coinvolgevano i luoghi di reclutamento nel loro insieme e l'ambito della sinistra extraparlamentare che non era ovviamente considerata nel suo insieme come un'area di fiancheggiamento dei terroristi, ma come uno spazio che ospitava al suo interno zone grigie che potevano condurre gli investigatori all'obiettivo. E tuttavia, come dimostra anche l'esito di queste inchieste giudiziarie che hanno coinvolto numerose persone risultate poi estranee ai fatti, condividere prospettive teoriche e dettami ideologici è altra cosa dal sostenere, supportare e anche apprezzare una strategia politica e, ancor più, una pratica armata violenta.

Operazioni di polizia e una legislazione che colpiscono aree contigue comportano rischi di restringimenti delle libertà costituzionali e di sospensione delle garanzie dello Stato di diritto, rischi che sono stati enfatizzati e denunciati con forza da segmenti dell'opinione pubblica, della politica e della cultura non solo italiana e non solo appartenenti all'estrema sinistra. Anche in ambito storiografico, la tesi dell'esistenza di un partito unico della lotta armata cui sarebbero appartenute Br, Prima linea e Autonomia operaia porta a sostenere l'esistenza di un saldo legame tra la lotta armata e la più vasta area dell'estremismo antagonista.[23] Carlo Fumian, ad esempio, ha sostenuto che

l'inchiesta che condusse agli arresti del 7 aprile 1979 rappresenta davvero l'inizio della fine della lotta armata in Italia, che per un decennio aveva potuto svilupparsi sostanzialmente incontrastata sulla base di una complessa articolazione di diversi livelli di intervento, che in un quadro di collaborazione pur talvolta conflittuale, e di momentanee rivalità così congeniali al settarismo fanatico, coniugava il terrorismo diffuso dell'illegalità di massa alle azioni terroristiche.[24]

23. Questa teoria si deve principalmente alle pionieristiche ricerche di Angelo Ventura e Severino Galante. Cfr. Severino Galante, *Alle origini del partito armato*, in «Il Mulino», 275 (1981), pp. 444-487, p. 444; Angelo Ventura, *Il problema storico del terrorismo italiano*, in «Rivista storica italiana», 1 (1980), pp. 125-151, p. 125 e Id., *Il problema delle origini del terrorismo italiano*, in *Terrorismi italiani*, a cura di Donatella Della Porta, Bologna, il Mulino, 1984, pp. 85-152.
24. Pietro Calogero, Carlo Fumian, Michele Sartori, *Terrore rosso*, Bari-Roma, Laterza, 2010, e-Book.

Come si è già ricordato, il lavoro storiografico sulle fonti giudiziarie ha gettato una luce nuova sul rapporto tra terroristi e alcune frange dell'estremismo di sinistra e, di conseguenza, sulle azioni repressive intraprese dallo Stato nei confronti di questi soggetti politici, mostrando l'esistenza di innegabili complicità e contaminazioni. Va però anche evidenziato che queste operazioni a vasto raggio falliscono nell'obiettivo di sgominare l'organizzazione brigatista, contro cui risulterà invece vincente una mirata operazione di *intelligence* resa possibile soprattutto dalla legislazione premiale, e contribuiscono a inasprire un clima politico già fortemente messo sotto pressione da un'elevata conflittualità.

Nell'affrontare questi si temi si terranno presenti i termini del dibattito che, come abbiamo visto, è caratterizzato da una marcata polarizzazione ideologica che ha determinato il cristallizzarsi di due narrazioni opposte, ma ugualmente stereotipate. Da un lato, il vittimismo e lo strabismo ideologico che portano a rappresentare tutti i soggetti che si muovevano alla sinistra del Pci come vittime di una storia scritta dai vincitori e, quindi, con scarsa considerazione dei limiti politici, degli eccessi ideologici e delle zone d'ombra di quel mondo; dall'altro lato, un'interpretazione appiattita su quella giudiziaria e pertanto pervasa da uno sguardo criminalizzante verso l'area dell'estremismo. Entrambe queste narrazioni, inoltre, tendono a porre al centro le vittime, siano esse vittime di atti terroristici o della repressione poliziesca e giudiziaria, in una prospettiva sostanzialmente moralistica che guarda con diffidenza alle sfumature, alle contestualizzazioni e alle contaminazioni, alle contraddizioni, quasi costituissero un implicito riconoscimento delle ragioni del nemico che offende la memoria delle vittime. Il presente lavoro si propone, quindi, di offrire una ricostruzione che si discosti da questi "opposti estremismi" e che non tema di addentrarsi nelle ragioni storiche su cui poggia la vicenda della violenza politica degli anni Settanta. Si ritiene, infatti, che lo sforzo di comprensione e la restituzione della complessità che caratterizza ogni vicenda umana sia doverosa anche per tentare di ritrovare un senso storico in cui collocare quei dolorosi eventi, facendo proprio il punto di vista di Enzo Traverso che evidenziò il rischio che il paradigma vittimario comporta per la stessa memoria delle vittime, ovvero che le ragioni per cui esse vennero colpite si perdano di vista diventando incomprensibili.[25]

I terroristi hanno, dunque, effettivamente creato una rete di sostegno intorno a sé o prevaleva, invece, la ricerca dell'isolamento e del mimetismo? Tra i gruppi terroristi e le altre organizzazioni della sinistra extraparlamentare esisteva un rapporto di contiguità e complicità o dominava invece una logica di rivalità e competizione?[26] Il terrorismo può essere interpretato come la continuazione delle lotte di massa con altri mezzi o costituisce, al contrario, una delle cause principali della regressione di tali lotte? Il movimento ha nutrito il terrorismo o ne è stato suo malgrado vampirizzato? A queste domande si cercherà di rispondere analizzando due casi di studio, costituiti dalle colonne brigatiste del Veneto e di Genova, che si ritengono particolarmente significativi relativamente al rapporto tra gruppi terroristi e ambiente circostante, costituendo due casi paradigmatici quasi agli antipodi in questo senso, pur trattandosi di due situazioni che presentano uno sfondo comune. In uno studio pubblicato recentemente, Andrea Baravelli nota come il rapporto centro-periferia, non sia più letto in un'ottica gerarchica in cui il primo termine è univocamente in una relazione di superiorità rispetto al secondo, per cui si era portati «ad assegnare alle periferie il ruolo di produttrici di esperienze residuali, dissonanti, eterogenee, delocalizzate»; tuttavia, continua Baravelli, la storiografia sugli anni di piombo sembra in larga parte ancora debitrice di questa ottica ormai superata,[27] forse in ragione del fatto della già citata autorappresentazione monolitica delle Brigate rosse, che si propongono e sono proposte generalmente come un'entità compatta e guidata saldamente da un "centro" impegnato in uno scontro frontale con altri "centri", siano essi la capitale economica e produttiva del paese, Milano, o, più frequentemente, il cuore del-

---

25. Enzo Traverso, *Il secolo armato. Interpretare le violenze del Novecento*, Milano, Feltrinelli, 2012, p. 183.

26. Sul concetto di concorrenzialità tra organizzazioni terroristiche e gruppi estremisti cfr. il saggio di Sidney Tarrow, *Violenza e istituzionalizzazione dopo il ciclo di protesta*, in *Ideologia, movimenti, terrorismi*, a cura di Raimondo Catanzaro, Bologna, il Mulino, 1990, pp. 49-112.

27. Andrea Baravelli, *Istituzioni e terrorismo negli anni Settanta. Dinamiche nazionali e contesto padovano*, Roma, Viella, 2016, p. 105.

lo Stato, quindi Roma. Queste considerazioni sono alla base della scelta, in questo lavoro, di due casi di studio rappresentativi di realtà eccentriche, in cui il fenomeno del terrorismo brigatista si manifesta con caratteri peculiari, in parte influenzati dal contesto, in parte anticipatori o rivelatori di tendenze generali. Con questo non si vuole certo negare la presenza di tratti unificanti e caratterizzanti il fenomeno delle Br e, tuttavia, dalla comparazione dei due casi di studio emergono profonde differenze tra le diverse articolazioni territoriali, che si rivelano meno impermeabili all'ambiente e monolitiche di quanto si possa evincere dall'autorappresentazione che l'organizzazione ha tramandato, mentre sembra trovare conferma l'immagine di democrazia e di dialettica interna di cui molti ex brigatisti hanno parlato.

Come abbiamo visto, negli ultimi anni si stanno diffondendo studi comparati che pongono a confronto le esperienze di lotta armata in diversi contesti nazionali, in questo caso invece l'ottica comparativa è applicata a un confronto *intra* nazionale. Si condivide, a questo proposito, il giudizio di Monica Galfré, secondo cui

> l'ottica comparativa sarebbe in realtà necessaria in una direzione poco battuta, quella cioè delle varianti locali dello stesso caso italiano, tenendo presente anche che i fenomeni eversivi spaccano in due il paese, riproducendo l'antica frattura tra Nord e Sud a suo tempo confermata alla Resistenza. [...]
> Il rapporto con il territorio, un aspetto che più di altri sconta i ritardi della storiografia, sarebbe in realtà una chiave decisiva per fare emergere al di là di ogni tabù, il radicamento e la ramificazione dei fenomeni eversivi nella società.[28]

L'approccio comparativo viene quindi impiegato per confrontare le diverse realtà in cui si muovono diverse organizzazioni armate; lasciando sullo sfondo gli elementi di omogeneità che consentono di procedere a una comparazione e che in questo caso sono costituiti dalla comune appartenenza all'organizzazione delle Brigate rosse e la struttura e le funzioni molto simili che ogni colonna ha nell'economia del gruppo, ci si concentra sulle differenze e i contrasti tra le

28. Galfré, *Violenza politica e terrorismo tra storia e storiografia*, pp. 82 e 86. Cfr. anche Ead., *Anni Settanta e lotta armata. Una storia da dimenticare?*, in «Italia contemporanea», 279 (2015), pp. 556-580, p. 564.

diverse unità di comparazione, soprattutto in relazione al rapporto con il contesto e, in particolare, con gli altri gruppi di estrema sinistra, con l'obiettivo di mostrare come questo rapporto fosse assai complesso e contraddittorio.[29]

29. Questo rapporto è stato analizzato e variamente interpretato dalla letteratura scientifica in diverse occasioni. Cfr., tra gli altri, i numerosi studi di Donatella Dalla Porta; *Ideologia, movimenti, terrorismi*; *Gli anni dell'azione collettiva. Per un dibattito sui movimenti politici e sociali nell'Italia degli anni '60 e '70*, a cura di Luca Baldissara, Bologna, Clueb, 1997; Simona Colarizi, *Storia dei partiti nell'Italia repubblicana*, Roma-Bari, Laterza, 1994; Giovanni De Luna, *Le ragioni di un decennio (1969-1979). Militanza, violenza, sconfitta, memoria*, Milano, Feltrinelli, 2009; Guido Panvini, *Ordine nero, guerriglia rossa. La violenza politica nell'Italia degli anni Sessanta e Settanta*, Torino, Einaudi, 2009; Isabelle Sommier, *La violenza rivoluzionaria. Le esperienze di lotta armata in Francia, Germania, Italia, Giappone e Stati Uniti*, Roma, DeriveApprodi, 1998; Sidney Tarrow, *Democrazia e disordine. Movimenti di protesta e politica in Italia*, Roma-Bari, Laterza, 1990; Marica Tolomelli, *L'Italia dei movimenti. Politica e società nella Prima Repubblica*, Roma, Carocci, 2015; *I dannati della rivoluzione. Violenza politica e storia d'Italia negli anni Sessanta e Settanta*, a cura di Angelo Ventrone, Macerata, Eum, 2010; Angelo Ventrone, *"Vogliamo tutto". Perché due generazioni hanno creduto nella rivoluzione. 1960-1988*, Roma-Bari, Laterza, 2012; Michel Wieviorka, *Sociétés et terrorisme*, Paris, Fayard, 1988.

1. Violenza e terrorismo

1. *La parola "terrorismo"*

Il termine terrorismo solleva molti problemi per la sua natura polisemica e per la forte connotazione morale di cui è pregno, rimandando, infatti, a un concetto scivoloso, controverso e piuttosto ambiguo.[1] Inoltre, l'opportunità del suo utilizzo in riferimento ai fenomeni di violenza politica degli anni Settanta in Italia non è unanimemente condivisa dalla comunità di studiosi, preferendo alcuni la locuzione "lotta armata".[2] La scelta tra le due espressioni non è una questione banale e neppure neutra poiché mentre quest'ultima può suggerire l'adesione all'autorappresentazione propria degli agenti di quella violenza; il termine "terrorismo" rimanda di contro a una decisa stigmatizzazione. La locuzione "lotta armata" presenta il vantaggio dell'esattezza descrittiva, tuttavia, l'orgogliosa predilezione dei terroristi per questa espressione può attenuare la percezione della sua neutralità: il porre al centro della definizione l'idea della "lotta", ponendo in ombra la dimensione criminale a favore di quella politica può risultare legittimante e giustificativo.

Più complessa è la questione del temine "terrorismo". Uno dei problemi che pone l'uso di questo lemma è, come si accennava, l'accezione negativa in cui è normalmente inteso, tanto che il suo

1. Cfr. Francesco Benigno, *Terrore e terrorismo. Saggio storico sulla violenza politica*, Torino, Einaudi, 2018.
2. Su questa questione cfr. *Parole e violenza politica* e Benigno, *Terrore e terrorismo*.

utilizzo è generalmente recepito come comportante un'accusa e un giudizio morale di condanna; per citare le parole di Francesco Benigno, non si tratta di un termine «puramente descrittivo, ma è invece una locuzione valutativa, di tipo politico-normativo, un'etichetta dispregiativa adottata dai governi e dalle forze politiche per screditare gruppi avversi denunciandone i comportamenti come illegittimi».[3] Se questo era vero negli anni Settanta ed è vero oggi, in ragione in entrambi i casi dell'immediata evocazione delle pratiche stragiste – di matrice neofascista allora, islamista oggi – contro la folla inerme, non è tuttavia sempre stato così, sebbene il problema etico della violenza sia stato acutamente avvertito anche da chi propugnava apertamente il ricorso al terrorismo.

Dall'*anarchist wave*, la prima delle quattro ondate di terrorismo individuate da David Rapoport[4] fino alla fine della seconda guerra mondiale, l'autodefinizione di terrorista non era così inusuale. Nel contesto della lotta antifascista, soprattutto, ma non esclusivamente da parte delle formazioni di Giustizia e Libertà: si pensi alla dichiarazione di Luigi Longo che nel 1928, di fronte alla piena affermazione del fascismo, prospetta apertamente la possibilità di forme di lotta terroristica[5] o allo scritto di Emilio Lussu, *Teoria dell'insurrezione*, in cui alla valutazione negativa dal punto di vista dell'efficacia del terrorismo si accompagna un giudizio morale tutt'altro che negativo del terrorista.[6] Viceversa, i protagonisti della lotta resistenziale non si autodefiniscono con tale termine, salvo il caso dei Gap;[7] effettivamente, erano queste formazioni cittadine a utilizzare tipicamente tecniche di lotta terroriste, a differenza delle formazioni dislocate nelle aree rurali.

3. Benigno, *Terrore e terrorismo*, p. VIII.
4. Rapoport, *Modern Terror.*
5. Paolo Spriano, *Storia del Partito comunista italiano*, vol. 2, *Gli anni della clandestinità*, Torino, Einaudi, 1969, p. 149.
6. Emilio Lussu, *Teoria dell'insurrezione* (1969), Camerano, Gwynplaine Edizioni, 2008.
7. Santo Peli, *Storie di Gap. Terrorismo urbano e resistenza*, Roma-Bari, Laterza, 2014. Cfr. anche l'inizio del paragrafo *La guerriglia urbana e i Gap* dedicato da Claudio Pavone alla guerra gappista in *Una guerra civile. Saggio storico sulla moralità nella Resistenza*, Torino, Bollati Boringhieri, 1991, pp. 493 sgg. Si veda infine Eros Lanfranchi, *Le parole e le cose. Sul nesso sinistra rivoluzionaria, violenza politica e sociale, lotta armata*, in *Parole e violenza politica*, pp. 63-75, p. 74.

Il peso delle parole è rivelato con grande evidenza da questa considerazione che il brigatista Vincenzo Guagliardo esprime proprio riguardo il rifiuto da parte delle stesse Brigate rosse del termine terrorismo:

> ci ponemmo sulla difensiva, dicendo sempre che non eravamo terroristi, poiché solo a destra e nel terrorismo di Stato si colpiva in modo indiscriminato, volutamente, l'innocente invece che l'avversario [...] Partigianesimo, maquis, guerriglia urbana o rurale, resistenza...: ecco tanti termini che un tempo lo stesso vecchio Movimento operaio avrebbe definito senza scandalo forme di terrorismo che nulla avevano in comune, nelle motivazioni e negli obiettivi, con il terrorismo di Stato o di destra. Il metterci sulla difensiva implicò scarsa riflessione proprio sugli aspetti più importanti della nostra vicenda, alienò la nostra coscienza critica.[8]

Sebbene suggestiva, l'ipotesi che l'indizio della cattiva coscienza brigatista fosse rintracciabile nella timidezza linguistica di fronte al termine terrorista non tiene però sufficientemente conto del cambiamento dei tempi: negli anni Settanta del XX secolo difficilmente un gruppo politico o militare avrebbe definito sé stesso come "terrorista", in quanto la connotazione stigmatizzante del termine si era ormai affermata. In un documento sotto forma di autointervista prodotto dalle Brigate rosse nel 1973 per comunicare il proprio impianto teorico, il gruppo si pone il problema di smontare la propria immagine di organizzazione terrorista inserendo tra le domande la richiesta di un commento all'accusa di terrorismo (è quindi evidente la connotazione negativa del concetto che è univocamente presentato come un capo d'accusa) al quale si risponde respingendo la definizione e affibbiandola invece al sistema che intendono combattere:

> Il "terrorismo" nel nostro paese ed in questa fase dello scontro è una componente della politica condotta dal fronte padronale a partire dalla strage di piazza Fontana per determinare un arretramento generale del movimento operaio e una restaurazione integrale degli antichi livelli di sfruttamento. [...] Il nostro impegno nelle fabbriche e nei quartieri è stato fin dall'inizio quello di organizzare l'autonomia proletaria per la resistenza alla controrivoluzione in atto ed alla liquidazione delle

---

8. Vincenzo Guagliardo, *Di sconfitta in sconfitta*, Paderno Dugnano, Colibrì, 2002, pp. 33-34.

spinte rivoluzionarie tentata dagli opportunisti e dai riformisti. Organizzare la resistenza e costruire il potere proletario armato seno le parole d'ordine che hanno guidato e guidano il nostro lavoro rivoluzionario. Cosa ha a che fare col "terrorismo" tutto questo?[9]

Oltre al problema etico, vi è anche, forse ancora più urgente, quello della propria identità politica, e qui la questione diventava spinosa: definirsi "terroristi" era sconsigliabile perché la definizione di terrorista poteva suonare in contraddizione rispetto alla matrice leninista che i brigatisti si attribuivano. In un documento delle Br del 1971 troviamo un elenco dei riferimenti ideologici a cui esse si richiamano e il primo citato è proprio il marxismo-leninismo: «I nostri punti di riferimento sono il marxismo-leninismo, la rivoluzione culturale cinese e l'esperienza in atto dei movimenti guerriglieri metropolitani; in una parola la tradizione scientifica del movimento operaio e rivoluzionario internazionale».[10] La storia del controverso rapporto di Lenin con il terrorismo e dell'evoluzione – nel senso di un progressivo e sempre più netto distacco – di questo rapporto nel tempo è nota e non può essere qui riassunta, ma indubbiamente il pensiero maturo di Lenin si caratterizza per il ripudio della strategia terrorista giudicata inefficace e per la contrapposizione a questa strategia della lotta di massa. Nello scritto *L'estremismo, malattia infantile del comunismo*, a un'aspra polemica contro la pratica opportunista dei socialdemocratici se ne affianca un'altra contro i socialrivoluzionari, nel tentativo di definire un perimetro esistenziale per i bolscevichi e si afferma il deciso disconoscimento «del terrore individuale, degli attentati».[11]

La possibilità di impiegare a livello scientifico la nozione di terrorismo è quindi resa complessa dalla lunga storia di questo termine e dai diversi significati ad esso attribuiti, ed è legata al superamento della sua valenza stigmatizzante, tentando di riaffermarne la neutralità attraverso l'individuazione di un significato univoco che permet-

9. Brigate rosse, «Seconda riflessione teorica», 1973, citato in *Brigate rosse. Che cosa hanno fatto, che cosa hanno detto, che cosa se ne è detto*, a cura di Soccorso Rosso, Milano, Feltrinelli, 1976, p. 141.

10. Brigate rosse, «Prima riflessione teorica», 1971, pubblicato in *Brigate rosse*, pp. 102-108. Disponibile anche online: http://www.bibliotecamarxista.org/soccorso%20rosso/capitolo%208.htm.

11. Vladimir Il'ič Lenin, *L'estremismo, malattia infantile del comunismo*, in Id., *Opere scelte*, Roma, Editori Riuniti, 1970, p. 1391.

ta di definire incontrovertibilmente terrorista un gruppo o un'azione. Non è un'operazione semplice. Nella *Storia del terrorismo* a cura di Gérard Chaliand e Arnaud Blin si racconta di un interessante esperimento condotto da due ricercatori dell'Università di Leida, che hanno raccolto 109 definizioni del termine da ricercatori universitari e li hanno analizzati per rilevarne le principali componenti.[12] Lo sforzo di questi ricercatori si inserisce in quel tentativo di vedere nel concetto di terrorismo non una qualificazione morale negativa di un atto politico-militare o un tratto comune rispetto al sostrato ideologico e culturale dei gruppi così definiti, ma esclusivamente un metodo operativo e una tecnica applicabili dai più disparati soggetti politici e militari. Sono numerose le definizioni di terrorismo che pur divergendo per qualche aspetto tra loro sono accomunate dall'intendere il termine nell'accezione di strumento: da Raymond Aron secondo cui «un'azione violenta è detta terroristica quando i suoi effetti psicologici sono sproporzionati rispetto ai suoi risultati puramente fisici»[13] a Franco Ferrarotti («Dicesi terrorismo l'uso indiscriminato nella lotta politica di un tipo particolare di violenza, la quale comporta un danno all'integrità fisica della persona in concomitanza con un danno psichico – paura, terrore, appunto»);[14] da Ronald Crelinsten che parla di «una particolare strategia di comunicazione politica che si avvale di un insieme di violenza e di minaccia della violenza»[15] a Luigi Bonanate, secondo cui è possibile definire terrorista «ogni metodo di lotta politica che soddisfi queste tre specifiche condizioni: a) uso estremo della violenza, b) uso estremo della violenza contro degli innocenti, c) metodo di lotta illegittima».[16]

L'impiego dell'aggettivo "terrorista" appare quindi adeguato per qualificare alcuni gruppi, atti e progetti dell'Italia negli anni

---

12. *Storia del terrorismo*, pp. 16-17.

13. Raymond Aron, *Pace e guerra tra le nazioni*, Torino, Edizioni di Comunità, 1986, citato in *Storia del terrorismo*, p. 9.

14. Franco Ferrarotti, *Riflessioni su dodici anni di terrorismo in Italia*, in *Rapporto sul terrorismo*, a cura di Marco Galleni, Milano, Rizzoli, 1981, p. 376.

15. Ronald D. Crelinsten, *Terrorism, Conter-Terrorism and Democracy: The Assessment of National Security Threats*, in «Terrorism and Political Violence», 1-2 (1989), p. 243.

16. Luigi Bonanate, *Il teorema del terrorismo*, in «Rivista italiana di scienza politica», 3-4 (1981), p. 122.

Settanta, ovvero quelli che utilizzavano metodi di lotta terroristici, mentre le organizzazioni che a essi non ricorrevano non possono essere così definite, anche se praticavano altre forme di violenza politica; in particolare si possono ravvisare due strategie terroriste: la strategia del caos per quanto riguarda le formazioni eversive non spontaneiste della destra radicale, la "propaganda del gesto" e un fallimentare tentativo di strategia del logoramento per quanto riguarda rispettivamente le prime e le seconde Brigate rosse.[17]

2. La propaganda del fatto

La fascinazione per l'eloquenza del gesto – quello che Franco Ferrarotti ha descritto come «il fascino del gesto preverbale, violento: che sembra risolvere ciò che il dialogo non risolve»[18] – è largamente diffusa negli ambienti pseudo rivoluzionari di quegli anni; se si analizza da questo punto di vista il linguaggio della produzione documentale della sinistra radicale, armata o meno, si rileva il ricorrere ossessivo di espressioni e termini legati alla dimensione dell'agire. Tuttavia, solo le Brigate rosse perseguono coerentemente la strada del superamento della teoria attraverso l'azione: le Br, infatti, agiscono, sebbene secondo un piano confuso e fallimentare, che presto degenererà in una pratica criminale priva di orizzonti politici. Se consideriamo la disinvoltura con cui soprattutto le seconde Br tengono insieme esperienze e teorizzazioni differenti, talora inconciliabili, e, al contrario, l'acribia con cui i gruppi della sinistra extraparlamentare definiscono la propria appartenenza politica e distribuiscono accuse di eresia o di infedeltà a una determinata linea, possiamo ipotizzare che le Br sfuggano a questa sorta di ossessione identitaria, proprio in ragione della preminenza che il gruppo accorda all'azione, apparentemente capace, con la sua eloquenza, di superare le contraddizioni e le pastoie ideologiche in cui i gruppi extraparlamentari finivano irrimediabilmente invischiati. Un docu-

---

17. Cfr. Ariel Merari, *Terrorism as a Strategy of Struggle: Past and Future*, in «Terrorism and Political Violence», 5, 4 (1993), pp. 213-249.
    18. *Che fa l'intellettuale di fronte alla violenza?*, intervista a Franco Ferrarotti, in «l'Unità», 2 marzo 1980.

mento brigatista rinvenuto in via Gradoli contiene un paragrafo dal titolo inequivocabile «preminenza della pratica» che reca in esergo una citazione da *Della pratica* di Mao Tse-tung in cui alla teoria è accordato valore solo in quanto guida dell'azione e in cui si asserisce che solo la partecipazione a un fenomeno permette la sua conoscenza. In questo paragrafo i brigatisti definiscono una «regressione verso lavori libreschi» il ritorno della sinistra allo studio del socialismo scientifico dopo l'esperienza pratica alla guida del Movimento studentesco, per poi criticare gli intellettuali che producono i documenti teorici delle organizzazioni, i quali come è evidente dal loro linguaggio non parlano alla classe operaia con cui non hanno un linguaggio comune e si perdono in «giostre intellettuali».[19]

La fascinazione per l'eloquenza del gesto investe anche i gruppi extraparlamentari e tra questi quel Potere operaio per cui l'elaborazione teorica riveste in realtà un'importanza notevole. Citiamo a titolo di esempio un articolo comparso su «Il Potere operaio del lunedì» dove si legge: «È quindi indispensabile, ci sembra, che i compagni dei Comitati affrontino, nel convegno e dopo, questi nodi non solo nei *discorsi*, ma nel *lavoro* politico. Si tratta di misurarsi con il problema di *praticare*, e non di *blaterare*, il salario garantito nelle fabbriche e nei quartieri».[20] È evidente l'accezione negativa data all'elaborazione teorica e al confronto dialettico e di contro l'esortazione all'azione. Riecheggiano qui le parole di Carlos Marighella nella Dichiarazione dell'Avana del 1967: «Il nostro compito è agire, lottare, prendere l'iniziativa e forgiare la coscienza rivoluzionaria mediante la lotta. La nostra parola d'ordine è l'unione delle forze rivoluzionarie [...] è inutile creare nuovi partiti capaci di perdersi in un mare di carte e di vuote riunioni».[21] Negli stessi anni la Raf teorizzava che «Una dozzina di combattenti che incomincino ve-

19. Archivio Centrale dello Stato (ACS), Raccolte speciali, Direttive della Presidenza del Consiglio dei ministri (DPCM), Sequestro e uccisione dell'on. Aldo Moro (Direttive Prodi-Renzi), Presidenza del Consiglio dei Ministri (PCM), Sistema di informazione per la sicurezza della Repubblica (SISR), Agenzia informazioni e sicurezza esterna (AISE), I Versamento, giugno 2011, fasc. 33, doc. 1794, documento BR rinvenuto durante la perquisizione in via Gradoli a Roma.

20. «Potere operaio del lunedì», 11 marzo 1973 (i corsivi sono miei).

21. Carlos Marighella, *Discorsi e documenti politici per la guerriglia in Brasile*, Milano, Jaca Book, 1969, p. 25.

ramente e non si limitino a discutere senza fine, possono cambiare completamente la scena politica, mettere in moto una valanga»;[22] l'organizzazione tedesca ha costituito un modello, da questo punto di vista, per le Br italiane, come si evince da un altro passo del documento brigatista citato precedentemente: «Mettersi teoricamente dalla parte del proletariato significa mettercisi anche in pratica. La Raf afferma la preminenza della pratica. È giusto organizzare la resistenza armata se questa è possibile ed è solo attraverso la pratica che si decide se ciò è possibile».[23] Negli Stati Uniti, il gruppo armato chiamato The Weathermen sosteneva la precedenza dell'azione sulla teoria, che il tempo del dibattito fosse finito e che l'azione fosse la più alta forma di politica.[24]

La stessa fede nell'azione a scapito della teoria si ritrova nei rivoluzionari del XIX secolo, da Bakunin, per il quale «Negli ultimi nove anni, sono state sviluppate in seno all'Internazionale più idee di quante non siano necessarie per salvare il mondo. Non è più tempo di idee, ma di fatti e di atti»[25] al Pisacane del *Saggio sulla rivoluzione*, all'intellettuale populista russo Aleksandr Herzen, il quale sosteneva che non i libri avrebbero potuto educare alla libertà il popolo oppresso, bensì l'esempio dell'azione.[26] Questa carica antintellettuale è estremizzata dal nichilista russo Sergej Nečaev, che approda a una visione in cui l'azione è addirittura sostitutiva del *logos*:

> Colui che si avvicina alla causa rivoluzionaria attraverso i libri non sarà mai altro che uno sfaccendato della rivoluzione. Il pensiero capace di elaborare la rivoluzione popolare si elabora unicamente nell'azione rivoluzionaria e deve essere il risultato di una serie di tentativi e di

22. RAF, Gruppo Baader Meinhof-Horst Mahler, *Formare l'armata rossa. I «tupamaros» d'Europa...?*, Verona, Bertani Editore, 1972, p. 114.

23. ACS, DPCM, Sequestro e uccisione dell'on. Aldo Moro (Direttive Prodi-Renzi), PCM, SISR, AISE, I Versamento, giugno 2011, fasc. 33, doc. 1794, documento rinvenuto durante la perquisizione in via Gradoli a Roma.

24. Dal rapporto dell'FBI del 21 novembre 1969 in https://vault.fbi.gov/Weather%20Underground%20%28Weathermen%29/Weather%20Underground%20%28Weathermen%29%20Part%202%20of%206/view#document/p2.

25. Lettera di addio di Michail Bakunin all'Internazionale antiautoritaria del 12 ottobre 1873, citata in Roberto Massari, *Il terrorismo*, Bolsena, Massari Editore, 2002, p. 65.

26. Aleksandr Herzen, *Lettres de France et d'Italie (1847-1852)*, Neuilly-sur-Seine, Ulan Press, 2012, pp. 280-281.

manifestazioni pratiche, diretti sempre, verso l'unico scopo della distruzione spietata. [...] Abbiamo perso ogni fede nella parola.[27]

La predilezione per l'azione rispetto alla teoria non deriva necessariamente da un fanatismo come quello di Nečaev, anzi più spesso risponde a quella che si reputa una strategia vincente per la causa rivoluzionaria: è il caso della propaganda con il fatto. Sulla rivista da lui fondata, «Freiheit», l'anarchico Johann Most scrive che quando i rivoluzionari moderni intraprendono le loro azioni, l'importante non sono solo queste azioni, ma anche gli effetti propagandistici che esse sono capaci di sortire.[28] È, infatti, il movimento anarchico a fare propria – nella seconda metà dell'Ottocento – la propaganda del fatto, sia a livello teorico, sostenendo che l'attentato perpetrato da un singolo o da una ristretta avanguardia avesse la forza persuasiva di chiamare all'azione le masse, indicando loro la strada della rivoluzione; sia a livello pratico, assumendola come linea d'azione con il Congresso di Londra del 1881; a questa strategia fanno ricorso, negli anni precedenti e successivi l'adozione ufficiale da parte del congresso, diversi esponenti dell'anarchismo in armi. Imboccata la strada di un rapido declino verso la fine del secolo, sia per le degenerazioni criminali inevitabilmente correlate all'uso della violenza, sia per l'affermarsi di più efficaci e praticabili modalità di lotta collettiva e non violenta all'interno del movimento operaio, la strategia della propaganda del gesto tornerà a proporsi nella seconda metà del Novecento nell'ambito della nuova ondata di terrorismo globale. Nell'America del Sud, l'esempio cubano e il modello fochista prospettano l'azione esemplare di un piccolo gruppo che avrebbe il potere di accendere la guerriglia e fanno scuola: in Argentina i primi Montoneros che uniscono socialismo, cattolicesimo, nazionalismo e populismo si presentano nel 1970 come avanguardia armata peronista; il cileno Movimiento de Izquierda Revolucionaria (Mir) e le Fuerzas Armadas Recolucionarias de Colombia (Farc), entrambi di ispirazione marxista-leninista, guardano all'esperienza cubana per quanto riguarda gli aspetti strategici e tattici della propria lotta; in Uruguay i Tupamaros adottano una

27. Citato in Michael Confino, *Il catechismo rivoluzionario. Bakunin e l'affare Nečaev*, Milano, Adelphi, 2014, pp. 86-87.
28. Johann Most, *L'azione come propaganda*, in «Freiheit», 25 luglio 1885, citato in *Storia del terrorismo*, p. 184.

strategia che definiscono della "propaganda armata" che consiste nel compiere azioni armate contro obiettivi simbolici, mentre per l'organizzazione di Carlos Marighella in Brasile si trattava di propagandare attraverso azioni violente la possibilità di opporsi al regime e mobilitare in questo modo le forze rivoluzionarie. In Italia, sono le prime Brigate rosse guidate da Renato Curcio a fare propria la strategia della propaganda del fatto, nella nuova declinazione della "propaganda della lotta armata": si tratta di una strategia che si configura come una sorta di pedagogia rivoluzionaria basata su azioni esemplari che hanno il principale scopo di rendere evidente alle masse la percorribilità del cammino rivoluzionario; mentre nella seconda fase della sua parabola l'organizzazione imboccherà un variante della "strategia di logoramento" a cui verrà dato un nome capace di evocare tutta l'enorme sproporzione tra il progetto dei brigatisti e la realtà: "guerra civile dispiegata". Nelle prime righe di un documento del 1975 chiamato «Risoluzione strategica n. 2», dove le Br illustrano il proprio progetto politico-militare e la struttura dell'organizzazione, si affronta il tema della propaganda armata:

> Si trattava di mettere a fuoco nella coscienza dei proletari italiani che senza la soluzione del problema della violenza in ogni fase del processo d'organizzazione rivoluzionaria non poteva darsi una politica rivoluzionaria. In altri termini che: l'alternativa al revisionismo si dava immediatamente come unità del politico e del militare. Decenni di diseducazione e di retorica revisionista non facilitavano la realizzazione di quest'obiettivo. Perciò si è reso necessario, in una prima fase, che è durata sino ad oggi, svolgere un'azione prevalentemente di propaganda armata al fine di rendere possibile l'accumulazione del capitale rivoluzionario necessario per procedere ad azioni dirette contro lo stato ed i suoi apparati di coercizione.[29]

Sebbene molti esponenti del terrorismo rivoluzionario, in epoche diverse, abbiano, quindi, sostenuto la preminenza dell'azione sulla teoria, il valore propulsivo ed esemplare del gesto, capace di un'eloquenza che nessuna parola potrà mai possedere, tuttavia il problema etico dell'uso della violenza si è posto anche per questi soggetti politici.

29. Brigate rosse, «Risoluzione strategica n. 2», 1975, disponibile online: http://www.bibliotecamarxista.org/brigate%20rosse/1974/ds2.htm.

3. *Il problema della violenza*

Durante il processo per l'attentato dinamitardo al Cafè Terminus di Parigi del 12 febbraio 1894 Émile Henry dichiara a proposito del coinvolgimento di civili nell'azione:

> Non ci sono innocenti [...] Gli anarchici non risparmiano le donne e i bambini borghesi perché le donne e i bambini di quelli che amano non sono risparmiati. Non sono innocenti vittime quei bambini che nei tuguri muoiono lentamente di anemia perché il pane è scarso a casa; o quelle donne che crescono pallide nei loro negozi e fabbriche di vestiti dove guadagnano 40 scudi al giorno e sono contente quando la povertà non le trasforma in prostitute; quei vecchi che avete trasformato in macchine per la produzione delle vostre vite e che poi gettate in un bidone della spazzatura quando la loro forza è esaurita! Almeno abbiate il coraggio dei vostri crimini, signori della borghesia e siate d'accordo che la nostra vendetta è legittima.[30]

Concetti e parole quasi identici troviamo scritti il 4 settembre 1918 sulla «Krasnaia Gazeta» a commento dell'esecuzione capitale di Fanja Kaplan condannata per aver attentato alla vita di Lenin:

> Alla morte di uno solo, dicevamo poco fa, risponderemo con la morte di mille. Eccoci costretti ad agire. Quali vite di donne e di bambini della classe operaia ogni borghese non ha sulla coscienza? Non ci sono innocenti. Ogni goccia di sangue di Lenin deve costare ai borghesi e ai Bianchi centinaia di morti.[31]

È evidente che si tratta di due casi molto diversi: nel primo si tratta del gesto isolato di un anarchico in cerca di vendetta per un compagno giustiziato, nel secondo caso siamo di fronte all'impiego del terrore da parte di un potere rivoluzionario che tenta di sopravvivere e di consolidarsi;[32] ma entrambi gli autori della violenza avvertono la necessità di trovare una giustificazione per il suo impiego, individuandola ambedue nella logica della restituzione della violenza subita. «Non ci sono innocenti» si legge sulla «Krasnaia Gazeta»: le stesse identiche parole erano state pronunciate quasi cin-

---

30. Citato in Benigno, *Terrore e terrorismo*, p. 100.
31. Citato in *Storia del terrorismo*, p. 206.
32. Cfr. Sivio Pons, *La rivoluzione globale. Storia del comunismo globale. 1917-1991*, Torino, Einaudi, 2012.

quant'anni prima da Émile Henry in tribunale; si tratta di un nodo
centrale poiché l'illegittimità dell'uccisione di vittime inermi è una
delle più forti obiezioni etiche all'uso della violenza politica fin dagli albori del terrorismo moderno. L'argomentazione secondo cui, a
causa delle ingiustizie e della violenza di Stato insite in un determinato sistema o società o paese, nessuna persona che a quel sistema o
società o paese appartiene possa essere considerata innocente verrà
riproposta, sotto le più disparte spoglie ideologiche, fino ai nostri
giorni. Ahmad Yūsuf Ramzī, uno degli autori del fallito attentato
contro le Torri gemelle nel 1993, durante il processo rivendica con
orgoglio il proprio *status* di terrorista, proprio in quanto vendicatore
di inermi vittime di un potere omicida:

> Avete ucciso civili e innocenti, non soldati [...] gente innocente in
> tutte e ognuna delle guerre che avete fatto [...] Avete fatto più guerre
> voi in questo secolo che qualsiasi altro Paese, e avete la sfrontatezza di
> parlare di uccidere innocenti. Sì, sono terrorista e sono orgoglioso di
> esserlo. E appoggio il terrorismo, sempre che vada contro il governo
> degli Stati Uniti e contro Israele [...].[33]

La questione dell'innocenza delle vittime rimanda a nodi centrali legati al tema della violenza politica e della guerra asimmetri-
ca che, con accezioni diverse, riguardano molti capitoli della nostra
storia contemporanea, dalla guerra partigiana al conflitto israelo-
palestinese, dalla Rivoluzione d'ottobre al terrorismo islamista. Ma
quello che qui più interessa è l'affermazione della legittimità di azioni violente indiscriminatamente rivolte contro gruppi umani vastis-
simi (una classe sociale o una nazione) in nome delle oppressioni,
delle ingiustizie e delle violenze subite da un altro gruppo altrettanto
vasto. L'esecuzione sommaria di una socialista rivoluzionaria, per
mano dei bolscevichi, la bomba lanciata contro inermi avventori di
un caffè da un anarchico e la tentata strage indiscriminata di matrice islamista sono evidentemente episodi molto diversi per epoca
storica, ideologia e *status* degli autori, target delle vittime, ma sono
accomunati dall'appello alla giustizia retributiva[34] da parte degli au-

---

33. Citato in Benigno, *Terrore e terrorismo*, pp. 279-280.
34. Di "logica retributiva" parla anche Francesco Benigno a proposito delle
motivazioni dei terroristi dell'"era degli attentati" (1890-1915), in *Terrore e terrorismo*, pp. 96-97.

tori a giustificazione della propria violenza. Chi portò alle estreme conseguenze la logica della giustizia retributiva è ancora Nečaev ne *Il catechismo del rivoluzionario*. A differenza dell'evidente compiacimento per l'atto distruttivo di Nečaev, il suo ex maestro Bakunin ha riflettuto in diverse occasioni sul problema etico posto dalla violenza anche ai rivoluzionari che pure auspicano un rivolgimento politico attraverso l'atto di forza o compiono attentati terroristici.

Per alcuni terroristi questo dilemma si pone con particolare urgenza, tanto da renderne quasi insostenibile il peso: si tratta di una lacerazione che solo la prospettiva del proprio sacrificio anche estremo riesce in parte a ricomporre, conferendo alla figura del terrorista l'elevata statura morale di chi si mette in gioco fino in fondo, comprendendo la possibilità più estrema, quella della morte, sua e degli altri. Secondo Rapoport il terrorista suscita rispetto perché «the rebel took action that involved serious personal risks signified deep commitment».[35] Albert Camus ne *L'uomo in rivolta*, parlando dei terroristi russi, li descrive come «uccisori delicati», i quali pur praticando il terrorismo hanno provato scrupoli laceranti per il fatto di usare violenza.[36] Per questi uomini e donne l'azione violenta era fonte di rimorso torturante, di profonda sofferenza, la loro dimensione era quella del sacrificio: dare la morte e dare la propria vita diventano due componenti dello stesso olocausto di sé in nome di una cieca fede in un mondo migliore o per sete di giustizia. È ancora Camus che, nella *pièce I giusti*, coglie questo aspetto facendo dire al rivoluzionario Kaliayev: «noi uccidiamo per far sorgere un mondo dove nessuno ucciderà più. Noi accettiamo di diventare criminali perché la terra si copra finalmente di innocenti».[37] Anche questa tipologia di terrorista si ritrova quasi identica nel lungo periodo; è interessante accostare, a questo proposito, due figure di terroriste, lontane tra loro per epoca storica, nazionalità, formazione culturale e religiosa, ispirazione ideologica, ma con un atteggiamento molto

35. David C. Rapoport, *The Four Waves of Modern Terrorism*, in Bernhard Blumenau, Jussi M. Hanhimäki, *An International History of Terrorism: Western and Non-Western Experiences*, London, Routledge, 2013, p. 50.

36. Albret Camus, *L'uomo in rivolta*, Milano, Bompiani, 2018, pp. 183-192, p. 186.

37. Albert Camus, *I giusti*, in Id., *Tutto il teatro*, Milano, Bompiani, 2018, pp. 239-337, p. 261.

simile rispetto alla violenza: la socialista rivoluzionaria ebrea ucraina Dora Brilliant e la brigatista genovese cattolica praticante Fulvia Miglietta. Nelle memorie di Boris Savinkov leggiamo una descrizione di Dora Brilliant:

> Amando la rivoluzione, soffrendone profondamente i fallimenti, nello stesso tempo essa riconosceva la necessità dell'omicidio di Plehve, ma lo temeva. Non riusciva a farsi una ragione dello spargimento di sangue. Le sarebbe stato più facile morire che uccidere […] e poi riteneva suo dovere superare la soglia al di là della quale comincia l'effettiva partecipazione all'opera. Per Dora, come per Kaljaev, l'azione terroristica traeva la sua bellezza in primo luogo proprio dal sacrificio del terrorista nel compierla.[38]

Fulvia Miglietta è una dirigente della colonna genovese delle Brigate rosse in quanto membro della Direzione di colonna e di conseguenza tra gli ideatori e i decisori di tutti gli omicidi e i ferimenti perpetrati dall'organizzazione sul territorio; è inoltre capo del "fronte della controrivoluzione", specialista nelle cosiddette inchieste, ovvero la raccolta di informazioni propedeutiche all'esecuzione di un'azione di fuoco, eppure nutre per la violenza un'autentica ripugnanza, legata probabilmente anche alla sua fede cattolica, ma in ogni caso in palese contraddizione con la decisione mantenuta per quasi dieci anni di appartenere a un'organizzazione terrorista. Miglietta non compirà mai – nonostante i numerosi anni di militanza, la sua posizione di spicco e la regola brigatista di non creare "gruppi di fuoco" distinti da ideologi e dirigenti, con l'obiettivo di condividere la responsabilità delle azioni armate tra tutti i "regolari" – un atto violento, rifiutandosi di partecipare a un omicidio che lei stessa aveva pianificato in qualità di dirigente di colonna.[39] Anche in questo caso la contraddizione tra la condizione di terrorista e l'orrore per la violenza viene superata in nome di un supremo e fanatico ideale di giustizia sociale.

Sebbene casi così sofferti siano piuttosto rari, il problema dell'uso della violenza resta centrale per militanti e gruppi armati,

---

38. Boris Savinkov, *Souvenirs d'un terroriste*, Parigi, Payot, 1931, p. 57, citato in *Storia del terrorismo*, p. 159.
39. Tribunale penale di Genova (TPGe), Sentenza della Corte d'Assise contro Fulvia Miglietta, 8 ottobre 1982.

non solo per quanto riguarda la dimensione etica, ma anche per quella politica, sollevando questioni cruciali concernenti l'opportunità di determinate scelte tattiche e strategiche, il rapporto con gli altri soggetti politici e con le masse. Nei primi anni Settanta tra i militanti della sinistra radicale ha luogo un intenso dibattito riguardo al problema della violenza, della sua legittimità, dei modi e delle forme in cui praticarla. Si tratta di un dibattito che vede scontrarsi e intrecciarsi posizioni diverse che oppongono non solo i diversi gruppi, ma anche diversi militanti dello stesso gruppo.

La possibilità della violenza porta con sé ulteriori questioni controverse, tra cui le principali sono la possibilità del suo uso offensivo oltre che difensivo, l'opportunità del suo utilizzo da parte delle masse o di avanguardie, la necessità di organizzarla o viceversa di esercitarla spontaneamente. Per quanto riguarda la prima questione, se la possibilità della violenza offensiva viene rivendicata solo da un'esigua minoranza, la legittimità della violenza difensiva è invece un'idea ampiamente diffusa nell'ambito della sinistra radicale. Non si tratta di un'ipotesi meramente teorica, in quanto la minaccia neofascista e reazionaria, che ha il suo più vistoso epifenomeno nella strage di piazza Fontana del 12 dicembre 1969, costituisce, nella percezione dei militanti di sinistra, una presenza costante, a tratti sovrastimata, spesso utilizzata come alibi, ma non certamente immaginaria. La catena di attentati stragisti che colpisce il paese nella prima metà degli anni Settanta e i reiterati progetti golpisti provocano un clima di insicurezza e paura generalizzato e, nell'ambito della sinistra extraparlamentare, ci si interroga anche su quali compromissure approntare e, in una parte di esso, si ipotizza la legittimità di una risposta violenta. E tuttavia, la questione della diffusione della violenza come arma politica da parte della sinistra estrema non può essere liquidata come semplice reazione a una pur grave minaccia di segno opposto, in quanto la radicalizzazione del movimento di contestazione è anche legata alla prospettiva rivoluzionaria che questi gruppi si danno e all'obiettivo della conquista di spazi di potere, in forme e tempi molto diversificati e dibattuti, ma che comunque comportano intrinsecamente la possibilità dell'azione di forza. A evidenziare questo aspetto, non negando, ma ridimensionando la portata dell'impatto della strage di piazza Fontana rispetto alla "perdita dell'innocenza" degli extraparlamentari, è un intellettuale che è stato uno dei protagonisti di quella stagione, Adriano Sofri, che nel 2004 nel corso di un'intervista sul «Corriere della sera» dichiarava:

> La verità è che l'innocenza come condizione originaria è molto diffici-
> le da trovare. Lo choc della strage per noi fu fortissimo, un colpo che
> ti fa tramortire: ma tuttavia eravamo militanti politici con una grande
> voglia di fare la rivoluzione da tanti anni. Questo rende contradditto-
> ria e parziale quella definizione di innocenza. Per carità, per un verso
> ne conserva intatta la validità. Ma per un altro la trasforma in una
> specie di autoassoluzione un po' troppo indulgente. Mi chiedo: senza
> la strage di piazza Fontana, avrei tirato la mia prima pietra o no? Se-
> condo me sì. Anzi forse l'avevamo già tirata. [...] Noi non abbiamo
> cominciato a credere non solo nella necessità ma addirittura nella virtù
> della violenza dopo il 12 dicembre. Noi ce ne riempivamo la bocca da
> molto tempo prima. Ed eravamo soltanto epigoni di una lunghissima
> tradizione del movimento operaio, delle lotte politiche borghesi, della
> Rivoluzione francese, del Risorgimento. Cioè di una tradizione in cui
> il culto della violenza ribelle e liberatrice era una parte assolutamente
> essenziale della filosofia politica. Non era soltanto la rassegnazione
> alla necessità della violenza, alla legittima difesa (se il nemico non
> rinuncia alle sue armi violente e sopraffattrici, tu ti devi mettere in
> grado di reagire). Ma era qualcosa di più. Un'idea della violenza come
> passaggio decisivo e costitutivo dell'uomo nuovo: la violenza eman-
> cipatrice, la violenza come levatrice della storia. Un forcipe che deve
> per forza portare alla luce un mondo nuovo.[40]

Questo impasto di impostazione offensiva e difensiva è caratteristico dei gruppi che in questa stagione si richiamano al concetto
dell'"antifascismo armato", con sfumature diverse e intrecci complessi, per cui non sempre la violenza difensiva implica una maggiore moderazione rispetto all'uso delle armi: nei documenti teorici
di molti gruppi pare vedersi uno sbilanciamento a favore di un uso
offensivo della violenza in direzione anticapitalista e ciononostante
la maggior parte di essi non passerà mai all'azione armata; viceversa
un gruppo come i Gap di Feltrinelli, legati a una logica difensiva,
in particolare di reazione a una svolta autoritaria fascista o sul tipo
dei golpe sudamericani assunta come inevitabile, si costituiranno da
subito in banda armata.

40. Roberto Delera, *Tutto partì da Piazza Fontana poi lanciammo la prima pietra. Intervista ad Adriano Sofri*, in «Corriere della sera», 2 aprile 2004.

La scelta della violenza come arma politica comporta un ulteriore cruciale dilemma, ovvero l'opzione tra violenza agita collettivamente e apertamente e violenza agita da piccoli gruppi clandestini, questione che rimanda direttamente al problema lungamente dibattuto del rapporto tra le masse e le avanguardie. Fatte salve poche eccezioni, la sinistra radicale rifiuta la prospettiva della lotta violenta delle avanguardie che viene considerata non solo inefficace, ma addirittura dannosa per gli interessi della classe operaia. Alcune formazioni armate afferenti alla galassia autonoma scelgono, invece, l'azione violenta individuale, ma nel suo complesso anche Autonomia operaia rifugge dall'ipotesi del terrorismo di avanguardia, teorizzando che le azioni delle cosiddette avanguardie si inseriscano in quello che avviene nell'ambito del movimento di massa, canalizzando e stimolando la violenza spontanea che nasce dai bisogni e dalla condizione di sfruttamento. In questo si differenziano dalle Brigate rosse che propongono, invece, una strategia per cui le avanguardie devono guidare e dirigere il movimento attraverso l'esemplarità di azioni che si configurano come salti in avanti rispetto al movimento.[41] I gruppi armati di estrema sinistra nell'Europa degli anni Settanta subiscono, infatti, la forte influenza delle recenti o coeve esperienze sudamericane che suggeriscono una via alternativa rispetto a quella leninista e a quella maoista, non solo riguardo alla tempistica del processo rivoluzionario e delle sue condizioni, al ruolo del partito e al rapporto tra aree urbane e rurali, ma anche alla dinamica tra avanguardie e masse. Come abbiamo visto, in Italia sono soprattutto le Brigate rosse a risentire di questa influenza, non solo per le evidenti affinità con il gruppo dei Tupamaros uruguaiani, ma anche per l'impostazione fochista del rapporto tra masse e avanguardie. Questa organizzazione, infatti, appare perfettamente in linea con la teoria di Régis Debray, secondo cui l'avanguardia rivoluzionaria può essere costituita da qualunque gruppo decida di prendere le armi, non

41. Questa strategia brigatista entra in crisi verso la fine del decennio, quando si profila la sconfitta e il fallimento del progetto appare ormai evidente; in questo scorcio di tempo riemerge l'ipotesi movimentista che guarda naturalmente alla galassia autonoma, provocando dibattiti, allontanamenti di militanti e fronde di porzioni di colonne, culminando nella spaccatura dell'organizzazione in due tronconi: il militarista Br per il Partito comunista combattente e il movimentista Br Partito della guerriglia.

necessariamente dal partito comunista. È da questa impostazione
che discende l'idea che l'avanguardia combattente possa sostituire
le condizioni per la rivoluzione e la disponibilità delle masse che
verranno coinvolte in un secondo momento grazie alla già ricordata azione pedagogica della propaganda armata.[42] L'importanza della
lotta di massa non è negata, ma è subordinata all'azione delle avanguardie armate che con la loro azione costituiscono il primo motore
del processo. Marighella, nello scritto *Operazioni e tattiche guerri-
gliere*, afferma che la lotta di massa e quella delle avanguardie non si
escludono vicendevolmente, ma anzi coesistono sovente; ritiene però
che nella situazione di dittatura e di repressione sistematica dell'opposizione in atto in quel momento in Brasile, l'azione di massa sia
inefficace ed esposta alla rappresaglia, mentre le avanguardie armate
sono in grado di fronteggiare la potenza militare del regime; il processo di passaggio dall'azione delle avanguardie a quella di massa
rappresenta un esempio dell'impostazione fochista del rapporto tra
masse e avanguardie.[43] Un documento interno delle Brigate rosse del
1974 mostra l'affinità tra questo gruppo e quello brasiliano sul tema
del rapporto tra masse e avanguardie: «radicare la lotta armata nel
movimento vuol dire in primo luogo costringere l'avanguardia del
movimento a praticare direttamente la lotta armata. Sempre più la
nostra iniziativa militare dovrà essere condotta insieme al popolo», il
che significa che le Br rimandavano la questione del coinvolgimento
delle masse ad un tempo a venire, concentrandosi per il presente
sull'organizzazione della lotta delle avanguardie.[44]

È interessante notare come nel già citato scritto del 1920, Lenin,
a proposito del rapporto tra avanguardie e masse, assegni alla propaganda un ruolo importante nel conquistare alla causa le avanguardie
del proletariato, mentre

> quando si tratta dell'azione pratica delle masse, quando si tratta di
> schierare – se così si può dire – eserciti di milioni di uomini [...] allora

42. Cfr. Régis Debray, *Rivoluzione nella rivoluzione?*, Milano, Feltrinelli,
1967.
43. Marighella, *Discorsi e documenti politici per la guerriglia in Brasile*, pp.
118-119 e 149.
44. Brigate rosse, documento interno, 1974, disponibile on line: http://www.
bibliotecamarxista.org/brigate%20rosse/1974/Documento%20interno%201974.htm.

non si conclude un bel niente con i soli metodi propagandistici, con la semplice ripetizione delle verità del comunismo 'puro'. [...] Non basta più chiederci soltanto se abbiamo persuaso l'avanguardia della classe rivoluzionaria, ma anche se le forze storicamente operanti di tutte le classi, di tutte assolutamente le classi di una data società, senza eccezione, sono disposte in modo che la battaglia decisiva sia già del tutto matura.[45]

In questo senso, forse, le Brigate rosse possono dirsi marxiste-leniniste, secondo una loro peculiare visione della propaganda, ovvero la già citata "propaganda armata", cardine della strategia delle prime Br che in questo modo verrebbero a trovarsi alla confluenza tra la "propaganda col fatto" e la prima fase della lotta rivoluzionaria teorizzata da Lenin negli anni della guerra civile. Naturalmente, tuttavia, quello che clamorosamente manca è quel processo rivoluzionario che solo, nella prospettiva leninista, giustifica il terrorismo e di cui esso deve essere componente secondaria, rispetto all'azione di massa; la mancanza di questo processo non solo marca la distanza tra brigatismo e leninismo, ma inficia dalle fondamenta il progetto politico del primo.

45. Lenin, *L'estremismo, malattia infantile del comunismo*, pp. 1442-1443.

2. Il pesce e l'acqua

Many people think it impossible for guerrillas to exist for long in the enemy's rear. Such a belief reveals lack of comprehension of the relationship that should exist between the people and the troops. The former may be likened to water the latter to the fish who inhabit it. How may it be said that these two cannot exist together? It is only undisciplined troops who make the people their enemies and who, like the fish out of its native element cannot live.[1]

1. L'acqua

L'immagine già citata dell'esercito tra la gente come un pesce nell'acqua è molto nota e ha avuto un largo impiego nei più svariati contesti, più o meno parafrasata fino ad acquisire significati anche molto diversi da quello originario e riappare in ognuna delle ultime tre ondate di terrorismo globale.

Nel documento intitolato «Risoluzione strategica n. 2» le Brigate rosse descrivono minuziosamente la propria struttura e, nell'esporre le funzioni e la concezione del cosiddetto Fronte logistico, ovvero un gruppo interno responsabile degli aspetti organizzativi, prevedono di passare da una logistica basata sul mimetismo e la clandestinità assoluta a una seconda fase in cui creare una rete di appoggio «insieme al popolo»:

1. Mao Tse-tung, *On Guerrilla Warfare*, in *Selected Works of Mao Tse-tung*, vol. IX, 1937, versione online: Maoist Documentation Project (2000), Mao Tse-tung Reference Archive (marxists.org) 2000, https://www.marxists.org/reference/archive/mao/works/1937/guerrilla-warfare/.

La guerriglia urbana opera in condizioni di "accerchiamento strategico". [...] In questa fase si richiede il superamento di questa impostazione e l'assunzione di una linea di costruzione dell'infrastruttura "insieme al popolo". Se il guerrigliero vuole stare nella metropoli come un pesce nell'acqua e vuole costruire la guerriglia per linee interne al movimento di classe, deve anche costruire sue strutture di sopravvivenza, di lavoro e di combattimento secondo questa direttrice.[2]

Secondo le indicazioni di Mao, l'ambiente da cui il guerrigliero doveva ricevere sostegno era il popolo, ma cosa intendono le Brigate rosse quando citano questa massima? Nella loro prospettiva, il "popolo" tra cui muoversi è costituito nell'immediato da quella che avrebbero definito come la componente politicamente più matura della classe operaia – ovvero quella disponibile ad abbracciare un'ipotesi rivoluzionaria – e, nel medio periodo, dalla classe operaia nel suo insieme, una volta che fosse stata conquistata alla causa. Le Brigate rosse penetrano nelle fabbriche, nelle università, nei quartieri popolari, nelle carceri e nei luoghi di lavoro con l'intento di reclutare nuovi militanti e di coinvolgere la classe operaia e gli altri ipotetici soggetti rivoluzionari nel proprio progetto e, al contempo, si muovono furtive e circospette, mimetizzate nell'ambiente circostante, rendendosi invisibili per poter meglio attaccare e difendersi. Questi due opposti modi di muoversi rispondono ai diversi piani dell'azione brigatista: il primo denota la natura politica del gruppo, il secondo quella militare e criminale: con la scelta militarista operata tra il 1974 e il 1976 la seconda prevarrà sulla prima, cambiando il rapporto delle Br con l'ambiente circostante e imprimendogli un carattere progressivamente, seppure con ripensamenti e segnali sporadici in senso contrario, sempre più estraneo e persino contrapposto. Tuttavia, l'area di consenso intorno ai gruppi armati di sinistra non è irrilevante e la sua consistenza è stata individuata, da molti osservatori, come una delle spie della peculiarità del caso italiano.[3] Secondo un rapporto della Cia del 1982 l'area di consenso e fiancheggiamen-

2. Brigate rosse, «Risoluzione strategica n. 2», 1975.
3. Questa interpretazione è molto diffusa nella letteratura americana coeva sul tema e anche qui ritroviamo l'immagine di Mao: «il pesce terrorista nuotava in un mare caldo e protetto» scrive Martin Clark in *Modern Italy 1871-1982*, London-New York, Longman, 1984, p. 386.

to (*sympathy and support*) su cui le Brigate rosse possono contare è piuttosto consistente (viene stimata in circa 300.000 individui) e ciò spiega la longevità e il successo di questa organizzazione; questo contingente, largamente insufficiente a costituire un esercito rivoluzionario, assicura però all'organizzazione un'indispensabile rete di solidarietà.[4] Quest'area è costituita, secondo il documento dei servizi statunitensi, da lavoratori precari, studenti senza prospettive, outsiders di vario tipo e popolazione carceraria, e sarebbe particolarmente consistente nelle grandi città industriali del Nord.[5] Si potrebbe forse aggiungere l'ambiente ospedaliero dove, sia tra gli studenti di medicina, sia tra il personale infermieristico, non infrequentemente si trovano bacini di reclutamento per le organizzazioni terroriste rosse, ma nel complesso il rapporto dei servizi statunitensi fotografa piuttosto esattamente la composizione delle aree in cui si muovono le Brigate rosse nei primi anni Ottanta.

L'estesa rete di *sympathy and support* individuata dalla Cia diventa ancora più significativa, sempre secondo l'agenzia americana, se si stringe il fuoco sulle sole fabbriche, dove i simpatizzanti arriverebbero a costituire il 15% dei lavoratori e coloro che esprimono una qualche disponibilità al fiancheggiamento il 3%; un dato supportato da quello geografico, che individua nelle città industriali (Milano, Torino, Genova, Porto Marghera) i luoghi di maggior radicamento del fenomeno brigatista.[6] Il tema del radicamento delle Brigate rosse nelle fabbriche è particolarmente cruciale sia per le stesse Br, sia per le organizzazioni ufficiali del movimento operaio, in quanto la conquista della classe operaia all'ipotesi brigatista costituisce il principale indicatore del successo politico di questa ipotesi. E, tuttavia, nonostante questo tema venga frequentemente affrontato sia nei documenti delle Brigate rosse, sia in quelli prodotti dai sindacati e dal Partito comunista, la questione resta piuttosto opaca, in parte perché la situazione appare molto diversificata e mutevole, in parte perché le interpretazioni sono molto differenti, anche contrastanti tra loro, in parte, ancora, perché la consistenza di questo radicamento

---

4. Il rapporto intitolato *The Red Brigades: A Primer* e stilato nell'aprile 1982 è analizzato e citato in Ceci, *La Cia e il terrorismo italiano*, pp. 115-134.

5. Ivi, p. 118.

6. Ivi, p. 127.

varia in modo significativo a seconda delle unità di misura che si adottano, in particolare in termini di obiettivi raggiunti dalle Br rispetto alla classe operaia.

I documenti prodotti in occasione del seminario sul terrorismo organizzato dalla Cgil milanese nel 1981[7] offrono uno spaccato non solo delle posizioni ufficiali della Cgil, ma anche di considerazioni nate da analisi più approfondite e complesse: accanto alla ferma condanna di ogni forma di violenza politica, alla stigmatizzazione degli atteggiamenti ritenuti eccessivamente indulgenti e delle ambiguità dell'estremismo e alla proposta di strategie di contrasto del fenomeno in fabbrica ci si interroga problematicamente, dietro sollecitazione di una dichiarazione del segretario confederale della Uil Enzo Mattina,[8] sul tema spinoso del rapporto tra violenza politica e movimento operaio. Emerge, innanzitutto, la preoccupazione per il ritorno in fabbrica delle Brigate rosse all'inizio degli anni Ottanta, un ritorno che viene descritto come efficace nel cavalcare istanze molto sentite dai lavoratori e quindi insidioso e difficile da contrastare per i delegati della Cgil, sia quando si tratta di battaglie combattute anche dal sindacato, sia quando si tratta di rivendicazioni più radicali, in quanto il primo caso crea un effetto ottico di legittimazione che mina la credibilità della condanna sindacale e il secondo caso può far apparire i brigatisti come migliori interpreti delle esigenze dei lavoratori. Dalle parole dei sindacalisti della Cgil si evince che anche l'ultima, pur parziale e contrastata, offensiva delle Brigate rosse nelle fabbriche ha sortito effetti destabilizzanti in ragione di una certa capacità attrattiva rispetto alla classe operaia, quantomeno abbastanza consistente da preoccupare il sindacato che denuncia una

7. I documenti consultati prodotti dai sindacati confederali in occasione del seminario sono conservati presso l'Archivio privato del dirigente della Cgil Mario Sai.

8. Enzo Mattina, sulle colonne dell'«Avanti» del 17 luglio 1981, sulla base di un documento delle Brigate rosse relativo a un accordo sindacale all'Alfa Romeo, adombrava il sospetto che gli estensori provenissero dal sindacato in ragione della loro competenza in materia di vertenze sul lavoro e allargava poi il discorso sottolineando la convergenza di istanze, temi e linguaggi tra le Brigate rosse e il sindacato. Questo intervento suscita ovviamente reazioni di sdegno e forti polemiche, ma promuove anche una seria riflessione nel corso dei lavori del seminario milanese. Cfr. Archivio privato di Mario Sai, *Il terrorismo in fabbrica: analisi e proposte*, rassegna stampa relativa al seminario organizzato da Cgil, Cisl e Uil a Milano il 17 luglio 1981.

presenza significativa soprattutto in alcune fabbriche milanesi: Alfa Romeo, Italtel, Breda, Magneti Marelli, Ercole Marelli e Falk. La stessa preoccupazione troviamo espressa in un contesto e in un periodo diversi dal Partito comunista: nel 1978 la Sezione Problemi dello Stato del Pci ligure stila un documento di analisi di uno studio brigatista relativo alle fabbriche genovesi, in cui si esprime preoccupazione per il costante interesse delle Br verso il mondo operaio nel capoluogo ligure e per «la minaccia di alzare le armi contro i comunisti», una preoccupazione, quest'ultima che si rileverà tragicamente fondata pochi mesi dopo con l'omicidio di Guido Rossa.[9] Il grado di radicamento delle Brigate rosse in fabbrica è la risultante di un intreccio di fattori diversi, tra cui le diverse fasi del gruppo e della sua popolarità nel tempo, le differenti realtà produttive e territoriali, il grado di egemonia dei sindacati rispetto alla massa dei lavoratori. Le organizzazioni del movimento operaio si trovano, infatti, in una posizione di scontro diretto rispetto a un'organizzazione che, dal loro punto di vista, tende a espropriare la classe operaia dal proprio ruolo di protagonista delle lotte per affidarlo a una ristretta cerchia di avanguardie armate. Tuttavia, alcune frange di lavoratori, critici rispetto all'operato del sindacato che considerano insufficiente, inefficace o addirittura contrario ai propri interessi di classe, giudicano quella dell'azione terrorista una risposta, più o meno convincente, ma che in qualche modo si fa carico dei sentimenti di rabbia, impotenza e desiderio di azione diretta, diffusi in parte della classe operaia. In conclusione, se è vero che nelle fabbriche ci sono stati rispetto al terrorismo, in alcuni momenti e in alcune realtà, atteggiamenti di connivenza, simpatia, consenso e curiosità, si può tuttavia affermare che le Brigate rosse fallirono sostanzialmente nel proprio progetto di mobilitazione di quello che consideravano il soggetto rivoluzionario per eccellenza. La ragione principale della sconfitta delle Br rispetto alla conquista della classe operaia va ricercata nella dimensione simbolica che è connaturata a ogni strategia terrorista e che permane anche nelle fasi di maggior adesione delle azioni brigatiste alle istanze operaie. Il linguaggio simbolico dei terroristi, assieme agli aspetti criminali e

---

9. Archivio privato di Gianni Nobile, Direzione Pci, Sezione Problemi dello Stato, Nota sul documento delle Brigate rosse dedicato all'Ansaldo e all'Italsider di Genova, ottobre 1978.

sanguinari della lotta armata, determina l'allontanamento della maggior parte dei lavoratori da un'azione che appare astratta, gratuitamente efferata e incapace di incidere realmente sui bisogni degli operai e sugli equilibri di potere in fabbrica e nella società.

Un caso particolare è l'ambiente delle carceri, individuato come terreno di coltura del terrorismo anche dal documento della Cia prima citato e indubbiamente luogo elettivo dei reclutamenti nella seconda metà degli anni Settanta e nei primi anni Ottanta. All'interno delle mura delle prigioni vengono meno le ragioni di sicurezza e di tattica militare che impongono alle Br comportamenti mimetici, separati, clandestini, per cui il reclutamento, la discussione politica, il proselitismo possono avvenire in modo più diretto. Il proselitismo presso i detenuti comuni è tanto più pratico in quanto il mondo carcerario comincia a rivestire un particolare interesse per le Brigate rosse a partire dalla metà degli anni Settanta, ovvero da quando cominciano gli arresti dei militanti e si rende necessaria l'organizzazione della militanza all'interno delle strutture detentive. Il presidente del Tribunale di Napoli Carlo Alemi, nella sentenza-ordinanza relativa alla colonna napoletana così descrive la situazione nelle carceri da questo punto di vista:

> Se da un lato la prigione rappresenta il bastione della repressione, dall'altro costituisce uno straordinario bacino di reclutamento e consente aggregazione e partecipazione all'elaborazione teorica e strategica. Di qui l'importanza di quegli apparati eversori che assumono il carcere come centro delle loro attività tattico-strategiche. Tra questi il principale è la brigata di campo.[10]

L'interesse delle Brigate rosse per la popolazione carceraria è un aspetto di quella centralità accordata al cosiddetto "proletariato extralegale" dalla corrente delle Br facente capo a Giovanni Senzani nel periodo a cavallo tra gli anni Settanta e gli anni Ottanta, che teorizza una sorta di determinismo della devianza rispetto alle condizioni socio-economiche.[11] Il documento intitolato «Sulle for-

10. Tribunale penale di Napoli (TPNa), «Le Brigate Rosse in Campania, 1979-1983», sentenza-ordinanza del giudice Carlo Alemi del 31 gennaio 1985, p. 434.
11. Archivio dell'Istituto storico Parri, Bologna (AISP), Fondo Dote. Documentazione sul terrorismo, Brigate rosse, «Appunti per un dibattito sul proletariato extralegale», s.d.

me di organizzazione e di lotta dell'extralegalità» propone un *ex-cursus* della storia del rapporto tra proletariato e malavita a partire dalla Resistenza e dai comportamenti da outsider dei partigiani non disposti ad accettare il nuovo corso, per passare alle bande di ladri degli anni Cinquanta sul cui metodo di azione si rifletterebbe l'influsso del mestiere operaio (squadre di lavoro, impiego di attrezzi utilizzati in fabbrica per scassinare), fino ad arrivare al decennio dei Settanta che anche in questo particolare aspetto è letto nel segno della grande trasformazione caratterizzata da alcuni elementi dominanti, quali l'uso della violenza, l'individuazione della borghesia come bersaglio, la diffusione di nuove pratiche criminali come lo spaccio di droga, l'organizzazione in bande: in sintesi la delinquenza nel mondo contemporaneo avrebbe assunto i caratteri di una guerra di massa alla borghesia, condotta da figure di marginali che oscillano tra lavori precari e piccola criminalità.[12] Gli estensori del documento non negano che nella cosiddetta extralegalità prevalga la motivazione individuale e non si rispecchi una coscienza di classe, tuttavia per la sua oggettiva carica antiborghese essa si configurerebbe come una forma particolare di lotta di classe a prescindere dalla consapevolezza dei suoi artefici; è quindi compito del partito armato combattente e dei movimenti di massa impegnarsi nella trasformazione di quest'area in progetto politico.[13] In questa fase l'incontro tra detenuti politici e comuni è in parte anche legato alla convergenza tra le Brigate rosse e alcuni segmenti della malavita organizzata, una «naturale e istintiva convergenza contro il nemico comune: lo Stato»[14] l'ha ben definita Valerio Lucarelli.

Tornando alla realtà del carcere, va infine ricordato che esso non è definibile esclusivamente come un centro di reclutamento e di azione dei gruppi eversivi e armati, ma è al contempo luogo di battaglie importanti per la vita democratica: si pensi, per esempio, al ruolo dei familiari che talvolta venivano incaricati di tenere i rapporti tra i militanti detenuti e quelli liberi della stessa organizzazio-

---

12. Ivi, Brigate rosse, «Sulle forme di organizzazione e di lotta dell'extralegalità».

13. *Ibidem*.

14. Valerio Lucarelli, *Vorrei che il futuro fosse adesso*, Napoli, L'ancora del Mediterraneo, 2010, p. 43.

ne, mantenendo aperto il canale di comunicazione e la continuità tra l'attività eversiva interna ed esterna al carcere e giustificando i provvedimenti restrittivi adottati nei confronti dei detenuti politici in termini di contatti con l'esterno. E tuttavia i familiari sono anche quelli che, raggruppandosi in associazioni e svolgendo un'estenuante attività di contrasto e di denuncia dei soprusi e delle irregolarità di cui erano testimoni o vittime loro stessi o i loro congiunti, hanno contribuito a contenere pericolose derive giustizialiste e vendicative, dando così un prezioso aiuto alla tenuta della democrazia.

Emerge da queste brevi descrizioni la complessità, l'ambivalenza degli ambienti entro cui i brigatisti si muovono; la questione è, inoltre, complicata dalla difficoltà di distinguere tra estremismo e terrorismo, due termini che vanno certamente posti in relazione, ma che non possono essere semplicemente sovrapposti; tanto più che non è neppure vero che la diffusione dell'estremismo costituisca di per sé il terreno ideale alla proliferazione del terrorismo. È indubbio che l'estremismo di quella sinistra che possiamo definire extraparlamentare, rivoluzionaria, radicale, estrema o, con un termine molto in voga all'epoca, ultrasinistra[15] costituisce l'area più vicina alla lotta armata, dal punto di vista delle teorizzazioni politiche e degli assunti ideologici, in particolare per il porsi entrambe come orizzonte il rovesciamento dell'ordinamento parlamentare e capitalista in una prospettiva rivoluzionaria.

Nella prima metà degli anni Settanta, quando il rapporto delle Brigate rosse con il mondo circostante è più intenso, l'area della sinistra rivoluzionaria è in gran parte coagulata in gruppi politici impegnati in un lacerante dibattito sull'opportunità dell'uso della violenza come arma politica. Marcato settarismo, prospettiva rivoluzionaria, rifiuto della democrazia rappresentativa e attenzione prioritaria alla questione dell'organizzazione sono i tratti unificanti di

---

15. Non sembra invece corretto utilizzare la definizione di "nuova sinistra". Si accolgono, infatti, in proposito le considerazioni espresse da Marica Tolomelli, secondo cui la traduzione del termine *New left* e la sua applicazione al contesto italiano è possibile per quanto riguarda i soggetti che danno vita al movimento contestatario del Sessantotto e per il vasto movimento accomunato dalla lotta per l'ampliamento dei diritti e delle garanzie democratiche in favore di più ampi strati di cittadinanza, mentre risulta fuorviante per quanto riguarda i gruppi extraparlamentari. Cfr. Marica Tolomelli, *Il Sessantotto*, Roma, Carocci, 2008, pp. 35 sgg.

una galassia di sigle molto differenziata al suo interno dal punto di vista ideologico; una galassia in cui spiccano due gruppi nati dall'incontro tra lotte studentesche e operaie che, come ha osservato Marica Tolomelli, si fondano sugli orientamenti centrali del movimento di contestazione, ovvero l'operaismo e l'antiautoritarismo: Potere operaio e Lotta continua.[16]

Potere operaio è il gruppo che assume le posizioni più radicali rispetto alla violenza politica, dando anche vita a un nucleo segreto armato chiamato Lavoro illegale; l'idea della costruzione di un partito armato, con il compito di dirigere e gestire la violenza di massa, ne domina la riflessione interna e ci conduce direttamente al nodo più problematico da affrontare nel tentativo di definire la natura di questo gruppo, una problematicità dovuta non solo all'ambiguità con cui esso si è autorappresentato, ma anche alla stratificazione di interpretazioni contrastanti e inconciliabili. Lavoro illegale ha vita breve, viene sciolto nel dicembre del 1971 e dalle sue ceneri nascono due sottogruppi "militari" che prefigurano la divisione politica che si consumerà al Convegno di Rosolina del 1973: il Faro di Franco Piperno e Valerio Morucci radicato a Roma, e Centro Nord di Toni Negri che ha base a Padova e a Milano. L'attività di Potere operaio consiste in un'abbondante elaborazione teorica, dai toni e contenuti estremisti, nell'intervento nelle diverse realtà sociali e lavorative, promuovendo o inserendosi nelle lotte e mobilitazioni nel tentativo di indirizzarle verso sbocchi insurrezionali, nell'allestimento in Svizzera di una struttura di supporto logistico per i militanti latitanti e nell'istituzione di rapporti di dialogo, collaborazione e scambio di favori con gli altri gruppi armati presenti sul territorio. Con il Convegno di Rosolina si apre la crisi definitiva con la conseguente scissione tra la corrente di Oreste Scalzone e Piperno da un lato, e quella di Negri dall'altro. Sono diversi i motivi di divisione, ma il punto dirimente è la diversificazione di posizioni rispetto al problema della forma che dovrebbe assumere il gruppo: le due fazioni abbracciano ipotesi alternative, ovvero seguire la via spontaneista del movimentismo, la prima, e strutturarsi come un partito, la seconda. Questa differenziazione era già emersa l'anno precedente nel Convegno di Campo Bisenzio (Firenze); ma a Rosolina, nel clima di tensione de-

16. Tolomelli, *L'Italia dei movimenti*, p. 139.

terminato da diversi fattori, non ultimi l'evidenza del fallimento del progetto politico e militare di guida e indirizzo del movimento e le lacerazioni prodotte dalla tragedia provocata a Primavalle, a Roma, da militanti del gruppo, la frattura si rivela insanabile e porta alla rottura definitiva, alla fine del gruppo unitario di Potere operaio e alla nascita di diversi soggetti facenti capo ai diversi leader e afferenti all'Autonomia operaia. La difficoltà di definire in qualche modo la fisionomia di quest'area politica, che oltre a segmenti del disciolto Potere operaio raccoglieva vari frammenti dell'estrema sinistra, è determinata dall'eterogeneità che contraddistingue sia le culture politiche, sia le attività e le pratiche al suo interno: dai collettivi femministi alle formazioni terroriste, dall'operaismo al situazionismo, dai seminari accademici sui testi sacri del marxismo ad atti di vandalismo e piccoli furti, dalle lotte in fabbrica alle rapine in banca, la galassia autonoma si presenta come un territorio di cui non è agevole disegnare la mappa e neppure stabilire la natura. Si tratta di un'organizzazione eversiva connessa alla sfera della lotta armata o di un movimento caratterizzato da un antagonismo radicale, non estraneo a comportamenti illegali e violenti, ma sostanzialmente altro rispetto alla lotta armata e al terrorismo?

Secondo Angelo Ventura, la produzione teorica dei cattivi maestri padovani non è classificabile come meramente accademica, trattandosi, viceversa, di

> documenti di partito, di direttive politiche organizzative e operative – certo inserite in un preciso contesto ideologico – volte a sviluppare un'organizzazione politico-militare articolata in diversi livelli, avente lo scopo di attuare una strategia insurrezionale nella forma della guerra civile di lunga durata. Documenti e direttive che trovano una geometrica corrispondenza nello sviluppo del terrorismo e della violenza squadristica organizzata.[17]

Viceversa, dalle parole di Paolo Pozzi, autonomo, redattore di «Rosso», arrestato nell'ambito dell'inchiesta del 7 aprile, sebbene non manchino elementi di autocritica, soprattutto riguardo al velleitarismo e alla mancanza di progettualità del movimento, esce il qua-

---

17. Angelo Ventura, *Per una storia del terrorismo italiano*, Roma, Donzelli, 2010, p. 100.

dro di un movimento generoso, capace di sprigionare grandi energie e, soprattutto, di promuovere una vera rivoluzione esistenziale:

C'era una cosa soprattutto, buona ed eccezionale, in questo movimento: per la prima volta è stato posto il problema di che cosa fosse vivere in modo diverso da un sistema tradizionale; per la prima volta è stato posto il problema che non si poteva aspettare i "due tempi", come nella tradizione comunista classica: prima si fa la rivoluzione poi si pensa al rapporto uomo-donna, alla famiglia, eccetera. Per questo molto spesso i comunisti, eversori dal punto di vista politico, erano i più di destra, tra virgolette, nella gestione dei rapporti umani: il comunista classico era grigio, era il comunista della III Internazionale. Il movimento del '77 ha dimostrato che non era poi così impossibile riuscire a fare alcune cose. Di certo la difficoltà è stata nell'assicurare la continuità, e non solo non ci siamo riusciti ma con le nostre azioni abbiamo scatenato, come "risposta" da parte dello Stato, la repressione totale. Quel che non capimmo allora o che capimmo in ritardo, fu che non si sarebbe mai arrivati da nessuna parte continuando a protrarre i sabati pomeriggio nel centro di Milano a fare appropriazioni e autoriduzioni. Non ci siamo mai chiesti: e dopo? Pensavamo semplicemente che dovesse nascere e seguirci un movimento spontaneo; eravamo moltissimi, è vero, ma credevamo di essere molti di più, addirittura la maggioranza del Paese, ed è evidente che non lo eravamo; pensavamo che la rivoluzione dovesse avvenire con un processo di cumulazione, tanti supermercati espropriati, tanti concerti sfondati, tanti biglietti non pagati, fino a un sommovimento generale totale; e quindi, ogni problema era rimandato al dopo. Questa era l'Autonomia, e proprio la diffusione capillare e orizzontale, non strutturata, l'essere un enorme calderone in cui ribolliva qualsiasi cosa che fosse anti-Stato, anti-padroni, antisistema, fu il suo stesso limite. Era un movimento sovversivo, nel senso che voleva sovvertire ogni cosa, rovesciare qualsiasi rapporto sociale, anche personale – uomo/donna, famiglia tradizionale – e, molto probabilmente, ha sovvertito anche troppo fino a sovvertire sé stesso.[18]

Al di là delle interpretazioni più o meno criminalizzanti o idealizzanti la dirigenza e la galassia dell'Autonomia, è indubbio che al suo interno esistessero frange radicalizzate che praticavano la lotta armata: si tratta di un insieme di gruppi più o meno piccoli ed effi-

---

18. Paolo Pozzi, *La sovversione del '77: l'Autonomia operaia*, in «Paginauno», 16 (febbraio-marzo 2010), https://rivistapaginauno.it/la-sovversione-del-77-lautonomia-operaia/.

meri che perpetra attentati anche contro le persone e che intrattiene stretti e continuativi rapporti con le Brigate rosse, finendo spesso per diventare satelliti dell'organizzazione maggiore. La difficoltà nel ricostruire questo panorama è data dalla breve vita di queste associazioni, dai frequenti cambiamenti di nome, dal passaggio di militanti da un gruppo all'altro che, trattandosi di entità numericamente molto esigue, si configurano talvolta come fusioni o fronde o trasformazioni di una sigla in un'altra; queste continue variazioni non riguardano solo aspetti formali, ma anche di programma, strategia e finalità. Inoltre, le informazioni che emergono in proposito dalle deposizioni di imputati e testimoni sono assai contraddittorie, a causa delle preoccupazioni relative al rilievo penale dei fatti riportati. È indubbio che l'illegalità e la violenza fossero tratti caratterizzanti il linguaggio e i comportamenti dell'Autonomia operaia e tuttavia ciò non rende scontato il passaggio alla partecipazione ad azioni cruente, come i ferimenti e gli omicidi, o che comportano elevati rischi fisici, come le rapine a mano armata. Come ha ben sintetizzato Simone Neri Serneri, non vi è necessità nel passaggio dalla professione di un credo rivoluzionario alla scelta delle armi, tanto meno quando questa si declina nei termini di una pratica criminale come quella perpetrata dei gruppi terroristi:

> la diffusa, quanto qualora generica, adesione a una prospettiva politica rivoluzionaria trasse con sé anche l'accettazione implicita o esplicita della violenza come strumento ordinario e magari necessario di lotta politica. Non significa però – così come, d'altra parte, non era accaduto per la base comunista degli anni Cinquanta, anch'essa ancora largamente imbevuta di aspettative rivoluzionarie – accettare di conseguenza una strategia insurrezionale, tanto meno predisporsi a entrare in una organizzazione di lotta armata o terroristica.[19]

Da ultimo, è interessante considerare, anche pensando a fenomeni coevi quali la diffusione dell'eroina e della subcultura punk del *no future*, il punto di vista di Alessandro Pizzorno, il quale ha

---

19. Simone Neri Serneri, *Contesti e strategie della violenza e della militarizzazione nella sinistra radicale*, in *Verso la lotta armata. La politica della violenza nella sinistra radicale degli anni Settanta*, a cura di Id., Bologna, il Mulino, 2012, p. 21. Il discorso di Neri Serneri si riferisce in realtà all'intera area della sinistra radicale, non in specifico a quella dell'Autonomia operaia.

sostenuto che si è data eccesiva importanza all'aspetto politico e ideologico di Autonomia, un'attenzione esagerata che in Italia, secondo il sociologo, viene dedicata a tutti i movimenti marxisti eterodossi «per una specie di complesso di colpa di quei partiti che si sono adattati alle esigenze del realismo politico e hanno abbassato le bandiere dell'ideologia marxista dopo averle tenute irrealisticamente alzate»;[20] viceversa, sempre secondo Pizzorno, il fenomeno è assai più importante, dal punto di vista sociale, in quanto sintomo e conseguenza della marginalizzazione di ampie fasce di appartenenti alle nuove generazioni: «La loro violenza non è né piccolo borghese, né proletaria, né sottoproletaria, anche perché nessun borghese, proletario o sottoproletario si sente rappresentato dagli autonomi. È però la violenza del giovane emarginato per una disfunzione strutturale della società».[21]

Le descrizioni e i punti di vista citati sembrano inconciliabili tra loro, eppure paiono utili a delineare un quadro realistico di un fenomeno di cui è impossibile, alla luce delle risultanze emerse in sede processuale, ignorare la componente violenta e criminale, che presenta sicuramente i tratti di un ribellismo confuso, velleitario e inutilmente aggressivo, che conta tra i suoi militanti non pochi personaggi ambigui, ma che al contempo si fa anche, pur in modo contraddittorio e sgangherato, interprete di quella rivoluzione esistenziale che, dal Sessantotto in avanti, in Italia, al contrario che in altri paesi occidentali, aveva stentato a trovare spazio. Allargando lo sguardo al più vasto movimento del '77 ritroviamo la stessa commistione di rivolta esistenziale e di mobilitazione collettiva violenta, di emarginazione e disorientamento e di proiezione verso il futuro in uno scenario politico e sociale in rapida trasformazione come era quello della fine degli anni Settanta e lo stesso impasto di disperazione distruttiva e di giocosità creativa che vengono restituite con grande efficacia da questa breve memoria di Marino Sinibaldi:

La rinuncia, l'azzeramento delle promesse di trasformazione, questo era il clima: quando c'è la catastrofe, la peste – le storie del Medioevo – si diffonde una specie di allegria sconsiderata e festaiola. Il '77

20. Alessandro Pizzorno, *Autonomia: ideologia zero*, in «Panorama», 31 maggio 1977.
21. *Ibidem.*

a Roma era soprattutto questo: si giocava, si scherzava, si stava insieme tutto il giorno, si consumavano droghe leggere in modo del tutto
allegro, non colpevole e liberalizzato, si facevano molte conoscenze.
C'erano i giardini dell'Università [...]. Tra noi c'era una parte che
stava solo sdraiata tra le margherite e c'era una parte che solamente
sparava, però c'era una parte tra tutte e due le cose.[22]

2. Il pesce

Se non è semplice definire cosa sia l'acqua in cui nuota il pesce,
neppure l'identificazione del pesce è priva di problemi. Non è, infatti, agevole indicare quali gruppi possano essere definiti terroristi,
poiché si tratta di un'attribuzione in qualche misura soggettiva, legata a come si interpreta questo termine; in questo lavoro si è scelto di
considerare tali i soggetti armati che utilizzano tecniche o strategie
atte a seminare terrore o a compiere azioni esemplari nell'ottica di un
progetto eversivo-rivoluzionario. Non mancano, infatti, nell'arcipelago della sinistra rivoluzionaria formazioni effimere e inconsistenti,
che potevano anche avere stabilito a livello teorico di utilizzare una
strategia di questo tipo, ma che nei fatti non hanno potuto metterla
in pratica per mancanza di mezzi, e gruppi che utilizzano strumenti
di lotta violenti e illegali, ma non terroristici. I gruppi maggiori che
ricorrono, almeno in parte, a strategie terroriste, pur esprimendo livelli di aggressività molto diversi, sono i Gruppi di azione partigiana
(Gap), Prima Linea, i Nap (Nuclei armati proletari), alcune cellule
germinate dal magma dell'autonomia e le Brigate rosse. Queste ultime offrono il caso di studio più fecondo per la maggiore consistenza,
longevità, complessità del fenomeno rispetto agli altri.

La lunga parabola delle Brigate rosse si svolge per tappe ed è
segnata da una profonda cesura alla metà degli anni Settanta. La prima fase è dominata dalla logica della propaganda della lotta armata, il cui obiettivo è persuadere le avanguardie della classe operaia
della possibilità di un rovesciamento violento delle istituzioni democratiche e del sistema capitalistico. Nonostante la consapevolez-

---

22. Citato in Luisa Passerini, *Autoritratto di gruppo*, Firenze, Giunti, 1988,
pp. 213-214.

za dell'impossibilità di una mediazione sul tema della lotta armata con la grande maggioranza del movimento, le prime Brigate rosse si pongono in una posizione di dialogo con la sinistra che si definisce rivoluzionaria, discutendo possibili convergenze, tentando di reclutare militanti e proponendo la propria strategia. Così affrontano la questione della propria posizione nei confronti dei gruppi extraparlamentari, in un'autointervista del 1971:

> Non ci interessa sviluppare una sterile polemica ideologica. Il nostro atteggiamento nei loro confronti è, innanzitutto, determinato dalla posizione sulla lotta armata. In realtà, nonostante le definizioni rivoluzionarie che questi gruppi si attribuiscono, al loro interno prospera una forte corrente neo-pacifista con la quale non abbiamo niente a che spartire e che riteniamo si costituirà al momento opportuno in una forte opposizione all'organizzazione armata del proletariato. Mentre invece, sicuramente un'altra parte dei militanti accetterà questa prospettiva. Con essi il discorso è aperto.[23]

L'attività dei brigatisti, in questa prima fase è tutta interna alla fabbrica e l'organizzazione è presente esclusivamente nelle realtà industriali di Milano e Torino: qui le Br tentano di inserirsi nelle lotte dei lavoratori e di appoggiarne le rivendicazioni per conquistare alla causa rivoluzionaria la classe operaia. Per questo motivo, le prime azioni brigatiste sono simili a quelle del sindacalismo armato, consistendo in gogne e punizioni esemplari nei confronti di personaggi legati alla fabbrica, in special modo capi del personale, particolarmente invisi ai lavoratori. Queste azioni sono effettuate con la tecnica del "mordi e fuggi", operazioni rapide, poco spettacolari e incruente, ma cariche di significati simbolici, esemplari e con intenti "pedagogici".

Tra il 1974 e il 1976 avviene un passaggio fondamentale nella storia delle Brigate rosse che condiziona quella più generale della violenza politica in Italia: è il momento, ben individuato da Marco Scavino, in cui l'organizzazione brigatista – che aveva conquistato un non trascurabile bagaglio di simpatie e consensi nell'ambito della sinistra rivoluzionaria e che avrebbe potuto contare su un cospicuo potenziale di militanti costituito dai fuoriusciti dei gruppi

---

23. Brigate rosse, «Prima intervista a sé stessi», settembre 1971, citata in *Brigate rosse*, p. 107.

extraparlamentari in via di dissoluzione o di istituzionalizzazione, scegliendo la via dell'assalto al cuore dello Stato –, non concretizza la possibilità di porsi come avanguardia del movimento, ma imbocca il sentiero solitario del militarismo, trasformandosi in una sorta di mito: idealizzata, ammirata, temuta, ma sempre più lontana politicamente e operativamente dal movimento di massa.[24]

A questo proposito Marco Clementi e Davide Serafino parlano di scelta dell'autoreferenzialità[25] che fa passare le Br da una logica di lotta di classe a una di scontro, quasi di duello verrebbe da dire, contro lo Stato. In questo senso l'*affaire* Moro rappresenta il culmine di un percorso, cui segue un ripensamento che porterà all'affermazione di una corrente movimentista. Per la verità, il deciso distacco dalle lotte di massa appare il frutto delle scelte in materia di modalità di lotta piuttosto che di individuazione degli obiettivi. Infatti, la decisione di mettere in secondo piano il sindacalismo armato avviene in un momento in cui i sindacati hanno ripreso il controllo delle lotte in fabbrica, cavalcando le istanze della base e realizzando importanti conquiste che fanno loro riguadagnare consensi presso i lavoratori, riducendo le possibilità di intervento di altri soggetti politici e quelle di consenso rispetto ad azioni violente e illegali. Al contempo, l'attacco al cuore dello Stato è coevo all'inizio dell'avvicinamento tra Pci e Dc che segue la chiusura di una fase di irriducibile ostilità e che non è facilmente comprensibile per molta parte dell'elettorato dei due partiti;[26] in particolare, la componente di sinistra oltranzista vive questo passaggio come un tradimento di classe e delle prospettive rivoluzionarie. In questo senso, l'attacco al cuore dello Stato, soprattutto nella declinazione di attacco alla Democrazia cristiana e al

---

24. Marco Scavino, *La piazza e la forza. I percorsi verso la lotta armata dal Sessantotto alla metà degli anni Settanta*, in *Verso la lotta armata*, pp. 117-203, p. 173.

25. Davide Serafino, *La lotta armata a Genova*, Pisa, Pacini Editore, 2016, p. 77 e Marco Clementi, *Storia delle brigate rosse*, Roma, Odradek Edizioni, 2007, p. 145.

26. Cfr. a questo proposito Colarizi, *Un paese in movimento*, in cui viene acutamente rilevato come l'avvicinamento alla Dc sia stato mal tollerato sia dalla base storica che temeva la perdita della connotazione di classe del partito, sia da quei settori della borghesia progressista recentemente conquistati dal Pci grazie alle battaglie per i diritti civili, per i quali la Dc rappresentava il partito del conservatorismo e dell'anti-laicismo.

Partito comunista, appare non così alieno e incomprensibile all'area della sinistra radicale che, perduta ogni residua speranza nel Partito comunista, individua in questo partito e nella Dc i principali attori di un sistema corrotto, irriformabile e irrimediabilmente nemico.

Sia il passaggio delle Brigate rosse alla fase di attacco allo Stato, sia quello verso l'accordo tra i due maggiori partiti si configurano come processi che durano diversi anni, ma il 1976 può essere individuato come un momento cruciale. È infatti l'anno dell'elezione di Benigno Zaccagnini a segretario della Dc, del miglior successo del Pci alle elezioni politiche e del "governo della non sfiducia", un monocolore democristiano guidato da Giulio Andreotti che ottiene la fiducia in Parlamento grazie all'astensione del Pci, sorta di preludio al governo di solidarietà nazionale.

Il 1976 è anche l'anno in cui viene costituita la colonna romana, che via via aumenta di importanza fino a diventare il fulcro della stessa organizzazione proprio nell'ottica dell'assalto al cuore dello Stato, ed è l'anno del primo omicidio politico pianificato delle Brigate rosse, che ha come obiettivo il procuratore Francesco Coco e gli uomini della sua scorta. Il triplice omicidio, che chiude la partita aperta col rapimento del giudice Sossi, sconvolge il Paese e aliena alle Brigate rosse molte delle simpatie e dei consensi che l'epilogo incruento e destabilizzante del sequestro avevano suscitato. Infatti, quello che rende l'attacco brigatista incomprensibile agli occhi della stragrande maggioranza del movimento è il suo carattere cruento che provoca una spirale di violenza e lutti spropositata e gratuita, in quanto palesemente inutile al raggiungimento di un qualsivoglia obiettivo politico, fosse pure la conquista di un effimero e limitato spazio di potere come era stato per i gruppi maggiori della sinistra parlamentare e per il sindacalismo armato. Se Mario Sossi, Francesco Coco, gli esponenti della Dc e i riformisti del Pci potevano essere considerati effettivamente come nemici da gran parte della sinistra radicale, la scelta della punizione esemplare nelle forme del ferimento e dell'omicidio politico risultano generalmente odiosi dal punto di vista morale e insensati da quello politico e in questo senso la strage del 1976 è un punto di svolta.[27] Usciti ormai definitivamen-

___

27. In occasione dell'omicidio di Francesco Coco perpetrato dalle Brigate rosse, viene indetto uno sciopero generale approvato anche da gruppi e movimenti

te dalla logica propagandista, del gesto dimostrativo che ha lo scopo di allargare la schiera dei simpatizzanti, le azioni sono ora vere azioni militari, compiute da un esercito che combatte una guerra contro quello che avverte come un altro esercito a lui contrapposto. È quindi proprio la scelta del terrorismo come strategia che conduce le Brigate rosse a quell'isolamento che pare essere caratteristico di questo tipo di lotta armata. Questa seconda fase raggiungerà il culmine col sequestro e l'omicidio del presidente della Democrazia cristiana, Aldo Moro, nella primavera di un anno, il 1978, che segna una svolta importante nella storia delle Br, anche dal punto di vista dell'organizzazione e del rapporto tra il centro e le periferie. Infatti, con l'arresto di figure di spicco della colonna milanese e la loro sostituzione nel Comitato esecutivo con militanti di altre colonne, queste ultime acquisiscono una maggiore rappresentatività a scapito di una progressiva emarginazione di quella milanese. Nel 1978 viene portato a termine, con il sequestro di Aldo Moro, il più ambizioso progetto delle Br, che se da un lato rappresenta un successo in termini di popolarità negli ambienti estremisti, di consolidamento della fama di efficienza e pericolosità dell'organizzazione, dall'altro lato segna l'inizio della sconfitta politica, se non ancora di quella militare, con il sempre maggiore isolamento di un gruppo ormai largamente riconosciuto come sanguinario e criminale, con l'apertura di una lacerazione interna tra chi, nelle Br, non condivide questo percorso e con la riscossa delle istituzioni che riorganizzano, con maggiore efficienza, la controffensiva al terrorismo.

L'immagine del pesce in simbiosi con l'acqua, insomma, non sembra in grado di restituire la condizione del brigatista che appare piuttosto una creatura solitaria, minacciosa e minacciata, la quale

---

che ai tempi del rapimento di Sossi avevano criticato l'analoga iniziativa del sindacato. Per esempio, Lotta continua, che aveva parlato di ambiguità in relazione a quella manifestazione, esprime la propria adesione: «Un abisso incolmabile separa chi – come le Br – agisce nell'isolamento più totale sulla china di un pendio senza ritorno dalla vita, dalle esperienze, dalle battaglie delle masse proletarie [...] oggi il numero altissimo di operai in corteo ha strappato dalle mani della Dc la gestione di una campagna d'ordine – che starebbe una nuova isterica crociata antiproletaria – e ha fatto capire che c'è solo un ordine possibile: quello stabilito dalla classe operaia»: *Le Br rivendicano l'attentato*, in «Lotta continua», 10 giugno 1976, p. 2. Cfr. *infra*, p. 94, note 17 e 18.

deve il suo successo e la sua sopravvivenza all'isolamento, all'auto-esclusione dal consorzio civile, a una rigida separatezza dal mondo destinata a divenire separatezza dalla realtà.

Il tratto più caratteristico delle Brigate rosse, infatti, è la loro organizzazione minuziosa, gerarchica e strutturata rigidamente in tutti i suoi aspetti; peculiarità che le distingue dalle altre formazioni eversive italiane, assai più approssimative nel dotarsi di regole e struttura o, addirittura, decisamente spontaneiste. Questo impianto risponde principalmente a necessità di sicurezza ed è alla base del mito di invincibilità che ha circondato a lungo l'organizzazione. Sono in particolare tre i documenti che descrivono dettagliatamente le regole interne, l'organigramma delle Br e le diverse funzioni delle sue articolazioni: un documento del 1974 intitolato «Alcune questioni per la discussione sull'organizzazione», l'opuscolo intitolato *Norme di sicurezza e stile di lavoro*, distribuito dopo il primo arresto di Curcio, avvenuto il 9 settembre 1974, e la «Risoluzione strategica n. 2» dell'aprile 1975.[28]

La compartimentazione e la clandestinità sono le due norme più importanti nella vita delle Brigate rosse; sono, infatti, quelle che maggiormente caratterizzano l'organizzazione rispetto ad altri gruppi e costituiscono uno dei fattori che ne hanno consentito i successi e la sopravvivenza, e sono anche quelle che più condizionano il rapporto delle Brigate rosse con il movimento, limitando fortemente la possibilità di interazione tra i due mondi; nel documento intitolato «Alcune questioni per la discussione sull'organizzazione» si afferma che quella della clandestinità fu una scelta sofferta per il timore che allontanasse le Br dalla massa, ma a partire dal 1972 la repressione la rende una scelta obbligata. La compartimentazione determina l'ignoranza di tutto ciò che non attiene al proprio limitato settore, per cui, oltre alla segretezza verso terzi non appartenenti alle Brigate rosse, si realizza una crescente preclusione della conoscenza dei fatti da parte degli aderenti che risultano progressivamente

28. Brigate rosse, «Alcune questioni per la discussione sull'organizzazione», estate 1974, disponibile online: http://www.bibliotecamarxista.org/brigate%20 rosse/1974/Documento%20interno%201974.htm; Brigate rosse, «Risoluzione strategica n. 2», 1975; Brigate rosse, *Norme di sicurezza e stile di lavoro*, opuscolo citato in Vincenzo Tessandori, *BR. Imputazione: banda armata*, Milano, Dalai Editore, 2002, pp. 395 sgg.

esclusi dalle informazioni sulla banda man mano che il loro ruolo si
fa più marginale, fino a ignorare tutto ciò che eccede il loro settore;
a questa parcellizzazione delle informazioni possedute dai militanti
riguardo sia l'attività, sia la struttura dell'organizzazione, fa da con-
traltare l'onniscienza degli organi dirigenti alla cui supervisione è
sottoposto qualunque evento o qualunque decisione.

Clandestinità e compartimentazione sono i due fattori principali che, insieme a un sistema di regole minute che normano tutti
gli aspetti del vivere quotidiano e del privato, vanno a comporre un
quadro di alienante isolamento e separazione rispetto al resto del
mondo, una condizione che ha probabilmente facilitato l'allinea-
mento dei militanti al processo di progressivo scivolamento in una
sorta di solipsismo allucinato, compiuto dall'organizzazione. Alla
separazione dal mondo e alla dissimulazione costante della propria
identità si aggiunge un terzo fattore che era quello della completa
fusione dell'individuo nel collettivo. È interessante a questo proposito la lettera che una giovane militante scrive a un amico brigatista
in carcere, paventando il

> rischio che la militanza fatta in un certo modo diventi una catena di
> montaggio, se uno non tiene conto o non verifica ogni tanto i suoi biso-
> gni anche personali. Quando dico personali, dico questo perché credo
> che in fondo i miei bisogni personali non siano di me sola, ma credo
> anzi che verificandoli con gli altri, risulti che sono anzi generali, allora
> perché non dovrei tenerne conto? Ora in questi bisogni ci può rientrare
> l'esigenza di costruire subito dei rapporti che sfuggano ai modelli bor-
> ghesi o perlomeno discuterne! Ci rientra anche il bisogno di lottare in
> un modo che gli altri mi capiscano, capiscano quello che sto facendo
> e che perlomeno abbiano la possibilità di discuterne. Il bisogno di non
> creare un'altra oppressione, quella della militanza stakanovista.[29]

Da queste righe traspare l'estremo imbarazzo, ma anche la ferma convinzione che si stia censurando un aspetto fondamentale della vita delle persone, eppure si ha pudore ad ammetterlo: si veda il
rifugiarsi in un linguaggio quasi burocratico, il nascondersi ancora
dietro la dimensione collettiva, come se il fatto di avanzare istan-

29. ACS, DPCM, Sequestro e uccisione dell'on. Aldo Moro (Direttive Prodi-
Renzi), PCM, SISR, AISE, I Versamento, giugno 2011, fasc. 7, doc. 415, Nota dei
Carabinieri a lettera a firma Diana a noto brigatista, s.d.

ze personali anche etiche fosse un segno di immaturità politica. La completa rimozione della sfera privata e la perfetta adesione dell'individuo alla collettività, se indubbiamente costituiscono un importante fattore di coesione interna e di efficienza militare del gruppo, contribuiscono tuttavia all'isolamento anche psicologico dei brigatisti avviati verso un confuso orizzonte che si configura sempre più come una distopia disumanizzante. Nell'intervista rilasciata per il documentario *Do you remember revolution?*[30] Adriana Faranda mette in luce le conseguenze psicologiche che questo insieme di regole comportava per i brigatisti regolari; secondo l'ex terrorista, infatti, l'adozione di comportamenti e atteggiamenti codificati e stereotipati, unita all'isolamento in cui vivevano, si traduceva in una sorta di psicosi indotta che alla lunga produceva effetti di disumanizzazione a causa della costante repressione della propria personalità, dei propri dubbi e travagli interiori.

A questa rigidità sul piano delle regole interne corrisponde altrettanta rigidità nell'assetto strutturale che accomuna le Br ai Tupamaros che si erano dotati di una struttura compartimentata rigidamente e suddivisa in cellule chiamate colonne – un termine che le Brigate rosse mutueranno dal gruppo uruguaiano –, una struttura insieme articolata e centralizzata come sarà quella brigatista e che era stata teorizzata da Abraham Guillén nel 1966 in *Estrategía de la guerrilla urbana*,[31] *Norme di sicurezza e stile di lavoro* è una sorta di vademecum del terrorista basato sull'enunciazione di principi fondamentali e sull'illustrazione analitica della struttura su cui si regge l'organizzazione. Inoltre, in «Alcune questioni per la discussione sull'organizzazione» viene descritto il percorso che ha portato l'organizzazione a dotarsi di una struttura gerarchica e viene enunciata la differenza tra militanti regolari e irregolari, che costituirà una distinzione importante nella storia delle Brigate rosse dopo il 1974. Nello stesso documento viene enunciata la necessità di dotare l'organizzazione di una struttura piramidale divisa secondo vari livelli: Direzione strategica, Comitato esecutivo, fronti, colonne, brigate.

30. *Do you remember revolution?*, documentario di Loredana Bianconi, Belgio, 1997.
31. Cfr. Benigno, *Terrore e terrorismo*, p. 207.

Le colonne sono le diramazioni periferiche di un'organizzazione più complessa, centralizzata, cui sono subordinate e, nello stesso tempo, un'espressione dei luoghi in cui si radicano da cui assorbono idee, problematiche, visioni, militanti e con cui in qualche misura interagiscono:

> [la colonna è] l'unità organizzativa minima che riflette, sintetizza e media nel suo interno tanto la complessità del polo e delle sue tensioni che la complessità dell'organizzazione, la sua impostazione strategica e la linea politica. [...] Si centralizza attraverso la Direzione strategica e i fronti; da un punto di vista militare è autosufficiente e perciò si dà come obbiettivi massimi di scontro quelli che è in grado di realizzare autonomamente. Da un punto di vista organizzativo, essa è indipendente e compartimentata rispetto alle altre, potendo contare su un proprio apparato logistico in grado di risolvere tutti i problemi.[32]

Il capo colonna, che la rappresenta negli organi direttivi nazionali e un gruppo di brigatisti che vivono in clandestinità, chiamato Direzione di colonna, organizza, coordina e dirige l'intera vita della struttura brigatista localmente, non tollerando nessuna forma di spontaneismo, soprattutto in momenti particolarmente difficili della vita dell'organizzazione. È quindi dalla Direzione di colonna che discende, secondo la disciplina interna delle Br, non solo la distribuzione dei compiti tra i vari aderenti, la loro istituzione politica e il reperimento e amministrazione di tutto il materiale e le armi necessarie, ma anche, a seguito delle cosiddette campagne decise a livello nazionale, l'individuazione concreta degli obiettivi da colpire, la predisposizione dei programmi operativi e il reperimento dei mezzi adatti, nonché la stessa scelta dei soggetti che dovranno realizzare le varie azioni, i quali ignorano di solito fino all'ultimo di dover intervenire e cosa fare o chi colpire. L'autonomia decisionale e operativa delle colonne varia a seconda del tipo di azione, in ragione del maggiore o minore livello di offesa praticato e della maggiore o minore entità dell'operazione. Ricevuta l'autorizzazione dei vertici, la colonna procede all'esecuzione, attuata in completa autonomia. È la Direzione di colonna a redigere i volantini di rivendicazione delle azioni compiute, un compito che rivela un certo grado di libertà an-

---

32. Brigate rosse, «Alcune questioni per la discussione sull'organizzazione», 1974.

che a livello di elaborazione teorica.[33] Le colonne, dunque, sebbene siano strettamente legate ai vertici nazionali che ne stabiliscono la strategia politica e militare sono, tuttavia, organismi dotati di una certa autonomia e caratterizzati da una fisionomia propria e peculiare, legata alla realtà territoriale in cui sono inserite e alla personalità dei militanti che le compongono. La storia e le caratteristiche delle colonne dimostrano quanto differenti fossero le diverse articolazioni e come a differenziarle fossero principalmente due fattori: il contesto territoriale e le diverse fasi cronologiche che corrispondono a diverse strategie, obiettivi e progetti. L'adesione o meno a una campagna nazionale, il modo e l'intensità con cui viene portata avanti, gli errori, le disobbedienze, la scelta degli obiettivi, le deviazioni rispetto alla linea sono tutti elementi che ci parlano del rapporto della colonna con il territorio, di come le Brigate rosse percepivano il contesto, di come ne venivano modificate e di come lo modificavano. Questa incrinatura dell'apparente monoliticità dell'organizzazione deriva dalla consapevolezza dei brigatisti che se la strategia può essere unitaria, la tattica dev'essere necessariamente coerente con la configurazione geo-politica del territorio dove opera.[34] Infine, anche per quanto riguarda i militanti che compongono le colonne, si riscontra una dialettica tra centralizzazione e autonomie locali. E qui proprio la comparazione tra i casi prescelti ci mostra come il contesto lavora, si insinua nelle pieghe dell'organizzazione, interagisce attraverso scambi di uomini e idee, tanto che oggi, ricostruendo le parabole delle colonne ci troviamo di fronte a storie e fisionomie diverse e significativamente influenzate dai contesti in cui operano.

33. ACS, DPCM, Sequestro e uccisione dell'On. Aldo Moro (Direttive Prodi-Renzi), Ministero della Difesa (MD), Arma dei Carabinieri (AdC), b. 5, documento redatto dalle Brigate rosse intitolato «Bozza di discussione per il Fronte logistico», datato 1974.
34. TPNa, «Le Brigate Rosse in Campania, 1979-1983», sentenza-ordinanza del giudice Carlo Alemi del 31 gennaio 1985, p. 577.

3. Le colonne e le città

La comparazione tra l'articolazione veneta e quella genovese delle Brigate rosse, affiancata dal confronto tra queste e le altre colonne, e l'organizzazione nel suo complesso, consente di affrontare alcuni aspetti non secondari della storia della violenza politica negli anni Settanta: il rapporto tra lotta armata e territorio, l'influenza delle diverse culture politiche, la posizione dell'Autonomia, l'evoluzione dell'organizzazione brigatista nel tempo e il suo posizionamento rispetto alla galassia della sinistra radicale e della lotta armata.

Un'indagine approfondita sui profili biografici dei brigatisti consentirebbe di approfondire lo studio del fenomeno dal punto di vista della storia sociale, ma è purtroppo assai difficile ricostruire le traiettorie esistenziali e quindi anche le origini sociali ed economiche e i percorsi politici dei brigatisti, poiché le fonti da questo punto di vista scarseggiano: i documenti giudiziari sono avarissimi di informazioni, la stampa assai di rado fornisce notizie, tanto meno attendibili, sulle biografie dei militanti meno noti concentrandosi, comprensibilmente, sui casi eccezionali, famosi o curiosi e, quindi, non tipici, e le testimonianze disponibili sono numerose, ma prodotte da pochi soggetti, per lo più noti dirigenti dell'organizzazione di cui si sa molto, mentre delle centinaia di uomini e donne che militavano nell'organizzazione si conosce pochissimo. Per quanto riguarda le classi di età si può fare affidamento sulle sentenze e altri documenti giudiziari che indicano spesso la data di nascita degli imputati. A Venezia l'anno di nascita più rappresentato è il 1950 e i nati tra il 1950 e il 1954 sono i più numerosi, seguiti dalla classe successiva, quella dei nati tra il 1955 e il 1960; per nessun brigatista veneto di cui si è potuto stabilire l'anno di nascita questo risale a prima del 1945. A Genova, invece, si incontrano brigatisti nati prima del 1945, ma nessuno nato nel 1960, tuttavia l'età media dei brigatisti è più bassa rispetto a quella dei veneti, essendo i nati tra il 1950 e il 1954 e quelli tra il 1955 e il 1959 esattamente lo stesso numero, mentre le due leve più rappresentate sono il 1950 e il 1955.

Figura 1. Anno di nascita dei brigatisti in Veneto e a Genova

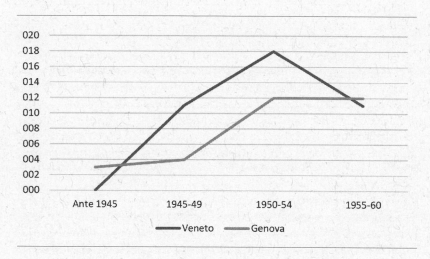

Il dato relativo alle esperienze politiche pregresse dei brigatisti è, invece, raramente desumibile dai documenti disponibili, per cui la massa critica è troppo esigua per poterne trarre delle comparazioni numeriche; nell'insieme si può notare che tutte le aeree della sinistra sono rappresentate nell'insieme dei background dei militanti delle Br: dal Pci alle formazioni maoiste, dal sindacato a Lotta continua, dai gruppi del dissenso cattolico al Movimento studentesco, da Potere operaio all'area dell'Autonomia. Attraverso le fonti giudiziarie, la stampa locale e i dati raccolti dal *Progetto memoria*,[1] si è potuta stabilire l'occupazione di 77 militanti delle Brigate rosse, di cui 40 operanti

1. *Progetto memoria. Gli sguardi ritrovati*, Roma, Sensibili alle foglie, 1995.

a Genova e 37 in Veneto.[2] Da questa base, purtroppo numericamente piuttosto esigua, emerge la netta prevalenza degli operai rispetto alle altre categorie, una percentuale importante ancor più che a Genova in Veneto, dove costituiscono quasi la metà del totale. La seconda categoria più rappresentata è quella degli studenti, in una percentuale però assai inferiore rispetto a quella dei lavoratori dell'industria sia a Genova, sia soprattutto in Veneto dove rappresentano 30 punti percentuali in meno rispetto agli operai. Studenti e lavoratori del settore secondario insieme costituiscono il 62% del totale in entrambi i territori; il restante 48% disegna un quadro più frastagliato e diverso nei due casi di studio. In Veneto le Brigate rosse riescono a ottenere un certo seguito in ambiente ospedaliero, in particolare tra gli infermieri che costituiscono infatti la terza categoria per incidenza percentuale in questo territorio; poco meno numerosi sono gli insegnanti a cui seguono altre occupazioni, tra cui i ferrovieri, assenti a Genova. Nel capoluogo ligure la terza categoria è costituita dai docenti – che si assestano sulla medesima percentuale del Veneto – e dall'insieme dei disoccupati o di persone con lavori precari e saltuari. In Veneto, la prevalenza della componente operaia, molto consistente sia rispetto alle altre occupazioni, sia rispetto all'altro caso di studio, e la minore incidenza degli studenti rispetto alla colonna genovese, ci restituisce una fotografia del brigatismo veneto molto lontana da quella della militanza autonoma padovana, almeno riferendosi al quadro dei Collettivi politici veneti fornito da Michele Sartori, il quale afferma che gli operai sono i grandi assenti nella dirigenza di questo gruppo, mentre «quasi tutti sono studenti e molti provengono da famiglie in vista della più alta borghesia o della nobiltà padovana».[3]

In generale, nelle testimonianze di molti brigatisti attivi in realtà industriali, o provenienti da famiglie o città operaie, ricorre il riferimento constante alla fabbrica, cui si accompagna quello a un legame con il Pci che segna le vite, nonostante si trasformi, nel corso degli anni Settanta, in un'ostilità sempre più aspra. Naturalmente anche

2. Il secondo volume del *Progetto memoria* ricostruisce le biografie di militanti di tutte le formazioni armate di sinistra degli anni Settanta, ma limitatamente ai casi di persone decedute, sia per cause relative alla propria attività terroristica, sia per cause naturali. Si tratta quindi di un dato limitato, ma relativo al panorama nazionale.

3. Calogero, Fumian, Sartori, *Terrore rosso*, p. 38.

Figura 2. Occupazione dei brigatisti in Veneto e a Genova

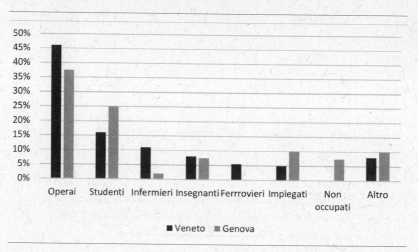

in questo caso le variabili territoriali, generazionali e cronologiche giocano un ruolo non secondario: le leve più giovani di brigatisti, le colonne installate in realtà diverse dalle grandi metropoli industriali e le Br dei primi anni Ottanta avranno un rapporto con il Partito comunista assai meno intenso e complesso di quello, rispettivamente, dei militanti più anziani, delle colonne del triangolo industriale e delle Br della prima metà dei Settanta. Si pensi al gruppo di Reggio Emilia, costituito in gran parte di fuoriusciti dal Partito comunista che a questa prima militanza faranno constante riferimento nel definire la propria identità politica,[4] e che si richiamano in particolare a quel filone del Pci a cui appartenevano Secchia e gruppi come la Volante rossa, che volevano trasformare la Resistenza in uno scontro di classe con l'obiettivo ultimo della rivoluzione socialista. Alfredo Buonavita, militante nelle prime Brigate rosse, di origine piemontese e attivo soprattutto a Torino, racconterà a Luisa Passerini che «a livello emotivo, il partito era il partito e è rimasto sempre quello,

4. Cfr. Prospero Gallinari, *Un contadino nella metropoli. Ricordi di un militante delle Brigate Rosse*, Milano, Bompiani, 2008 e Alberto Franceschini, *Mara, Renato e io*, Milano, Mondadori, 1988.

questo anche quando poi sono entrato nelle Br, c'è sempre rimasto questo legame di tipo... sì, diciamo emotivo nel senso totale però all'epoca [...] il partito era talmente limitativo e lo vivevi come una cosa che cercava di limitarti in ogni modo rispetto invece a questa esplosione che poi è avvenuta».[5]

Secondo un rapporto dell'Arma dei Carabinieri risalente all'epoca del sequestro Moro, le università più coinvolte da fenomeni eversivi sarebbero state Urbino, Camerino, Pisa, Firenze e Roma,[6] tutte zone, tranne l'ultima, in cui non operano strutture brigatiste e che non verranno mai colpite da azioni perpetrate da questa organizzazione. Viceversa, le colonne brigatiste si formano in grandi città operaie, con le eccezioni di Napoli e di Roma che sono luoghi legati a fasi particolari della vita delle Br in cui il rapporto con la classe operaia non è un obiettivo prioritario dell'organizzazione e, di conseguenza, decade la centralità della metropoli industriale. La situazione del Veneto costituisce un'apparente anomalia che, a ben guardare, conferma il quadro restituito da questa analisi territoriale: la presenza di un polo industriale dell'importanza di Porto Marghera stimola l'interesse delle Brigate rosse che operano infatti in questo territorio, ma con scarso successo, probabilmente in ragione della mancanza di una grande città e dell'ingombrante presenza di un aggressivo movimento antagonista che occupa tutti gli spazi di azione nelle fabbriche e che è in gran parte gravitante intorno a un ateneo di grande prestigio come l'Università di Padova. Viceversa, a Genova, come nelle altre città del triangolo industriale, nasce una struttura maggiormente aderente a quel modello di organizzazione enunciato dalle Brigate rosse nei propri documenti teorici. Anche questo dato, come quello delle occupazioni professionali, sembra quindi indicare una prevalenza del radicamento della sinistra rivoluzionaria negli ambienti universitari, mentre il brigatismo attecchisce quasi esclusivamente nelle città industriali. Il contesto territoriale si rivela, quindi, una variabile importante nel determinare la fisiono-

5. AISP, Fondo Dote. Documentazione sul terrorismo, Intervista di Luisa Passerini ad Alfredo Buonavita, 1985.
6. ACS, DPCM, Sequestro e uccisione dell'on. Aldo Moro (Direttive Prodi-Renzi), MD, AdC, b. 1, Relazione del Comando generale dell'Arma dei Carabinieri del 19 giugno 1978.

Figura 3. Numero delle azioni armate compiute dalle Br nel tempo

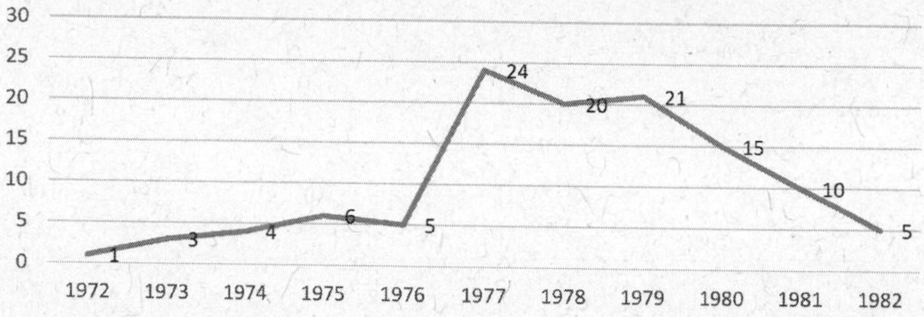

mia delle diverse colonne brigatiste, in una duplice accezione: da un lato, la situazione politica, sociale ed economica dell'ambiente in cui si inseriscono influisce sulle articolazioni brigatiste concorrendo a forgiarne l'aspetto; dall'altro lato, le Br scelgono di collocare la propria organizzazione in un luogo anche in base alla presenza di determinate caratteristiche.

La cronologia nazionale delle azioni brigatiste mostra un moderato aumento tra il 1972 e il 1976, seguito da un'improvvisa crescita per cui il numero delle azioni risulta quintuplicato l'anno successivo, raggiungendo il picco massimo nel 1977; nel 1978 si registra una lieve flessione e nel 1980 comincia la discesa della parabola che vede diminuire costantemente le azioni per anno. In linea generale il numero di operazioni effettuate non può essere considerato l'unico segnale di vitalità, ma nel caso delle Br, la cui esistenza si risolveva quasi totalmente sul piano delle azioni, costituisce un dato di estrema rilevanza; tuttavia, va osservato che il momento di maggior successo militare coincide con quello della massima tensione delle contraddizioni interne; infatti, il momento di massima espansione è immediatamente seguito da una fase di rapido declino. Scomponendo ora questo dato a seconda delle zone di attività dell'organizzazione, possiamo osservare che nessuna colonna riproduce fedelmente la parabola nazionale e alcune se ne distaccano completamente: è il caso del Veneto e di Napoli, luoghi in cui le azioni si concentrano all'inizio degli anni Ottanta, quando in generale quasi scompare la capacità offensiva delle Br; Genova esprime il massimo della sua

Figura 4. Numero delle azioni per colonna nel tempo

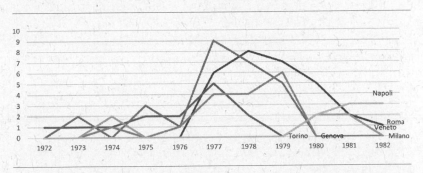

attività due anni più tardi rispetto alla media; infine Milano segue fedelmente il trend salvo per il fatto di presentare un secondo, sebbene più ridotto, picco negli ultimi anni, in concomitanza con l'attività della nuova formazione denominata Colonna Walter Alasia. Infine, si nota che le colonne più tardive non sono necessariamente le più longeve, mentre la maggiore vitalità di alcune colonne nella fase declinante sembra legata alla presenza di una nuova, per quanto effimera, progettualità; queste colonne sono infatti state attraversate da fronde che hanno portato alla nascita di soggetti parzialmente nuovi: Napoli, il Veneto e la milanese Walter Alasia;[7] in un certo senso, per il Veneto, si potrebbe parlare di due colonne: la prima muore prima di tutte le altre, nel 1975, la seconda nasce contemporaneamente alla fine del decennio dei Settanta, con l'idea di porre nuovamente al centro la questione operaia.[8] Viceversa, Torino e Genova, rimaste sempre legate alla linea di Moretti e dell'Esecutivo, sono le prime a spegnersi, seguite poi da Roma, la quale resiste maggiormente perché in parte coinvolta nella campagna contro le carceri.

7. La Walter Alasia costituisce anch'essa un nuovo progetto rispetto a quello del Comitato esecutivo delle Br, ma in una direzione diversa rispetto alla colonna napoletana, ovvero ponendo nuovamente al centro la classe operaia; in questo senso essa è accostabile alle altre colonne del triangolo industriale, ovvero Genova e Torino.

8. L'esistenza di due colonne venete, attive in momenti diversi, con attori diversi è assunta anche a livello giudiziario; cfr. le prime pagine della sentenza contro le Brigate rosse venete, Tribunale penale di Venezia (TPVe), Sentenza della Corte d'Assise di Venezia contro Alunni e altri, 20 luglio 1985 (3/84-11/84).

Figura 5. Obiettivi per colonna

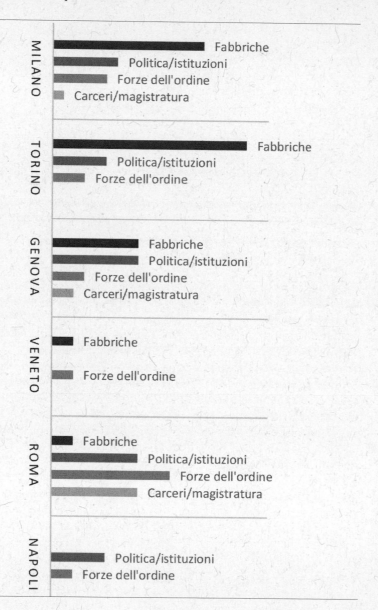

Analizzando gli obiettivi delle azioni brigatiste, la fabbrica risulta essere l'ambito in cui l'organizzazione è maggiormente attiva, arrivando a rappresentare le azioni contro quadri industriali quasi il 40% del totale, seguite da quelle contro le forze dell'ordine, vengono poi quelle contro esponenti politici o delle istituzioni; quindi, contro l'universo carcerario e la magistratura.

Gli attacchi in fabbrica si svolgono lungo tutta la parabola delle Br e in tutte le colonne del Nord Italia, mentre quelli a politici e istituzioni si concentrano nella seconda metà degli anni Settanta in particolare dal 1976 al 1979 a Roma soprattutto, ma anche a Genova e Milano; quelli alla magistratura e agli istituti carcerari si situano nel periodo immediatamente successivo, nel biennio 1980-81, con ancora protagonista la capitale. Infine, le operazioni contro le forze dell'ordine, sempre inevitabilmente numerose vista la caratterizzazione criminale del gruppo, aumentano tra il 1978 e il 1980, ovvero nel periodo iniziale dell'ultima controffensiva dello Stato, quando ancora le Br avevano le forze sufficienti per tentare un'estrema difesa.

In questo panorama i nostri casi costituiscono esempi molto diversi tra loro. Genova colpisce, ancora una volta, per la fedeltà all'impostazione del vertice, per cui all'attacco alle fabbriche segue quello alle istituzioni dello Stato – in particolare alla Dc, ma, come abbiamo visto, anche il Pci qui verrà colpito con una violenza che non ha uguali, mentre tra il 1979 e 1980 ha luogo un virulento scontro con le forze dell'ordine. Invece, in Veneto, le poche azioni compiute si rivolgono in parte contro le forze dell'ordine e in parte contro dirigenti del Petrolchimico, nella speranza di intercettare il consenso dell'Autonomia. Va anche ricordato, ma non enfatizzato, che qui si consuma l'unico attentato a persone motivato da ragioni antifasciste: non si tratta di un dato così significativo per il fatto che l'azione di sangue non era prevista e, se non si fosse verificata, l'episodio non entrerebbe in questa casistica, ma in quella delle devastazioni delle sedi del Msi, azioni tipiche dell'antifascismo armato; tuttavia, è indubbio che l'antifascismo rivesta un ruolo particolare in un territorio in cui mostra grande vitalità un neofascismo particolarmente aggressivo e non è forse azzardato cogliere un nesso tra l'esito cruento di questa azione e l'alta tensione presente in città tra la componente di estrema destra e quella di estrema sinistra che aveva in qualche modo prodotto un innalzamento del livello di scontro e del tasso di violenza praticato.

La modalità degli attacchi costituisce un dato capace di offrire informazioni sul grado di offesa, che varia sensibilmente nei diversi momenti e periodi e che mostra se e in quale misura venga mantenuto il principio enunciato dalle Br secondo cui verrebbero fatti segno di agguati mortali solo gli esponenti delle forze dell'ordine, in quanto, poiché armati e preposti alla repressione del terrorismo, sarebbero da considerare quali combattenti di un esercito nemico contro cui è lecito opporsi all'ultimo sangue, e i magistrati, ritenuti una sorta di stato maggiore delle forze impegnate sul fronte "della controrivoluzione", per dirla con le parole dei brigatisti. Emerge qui il tentativo di proporsi come un esercito regolare, al fine di essere riconosciuti come combattenti e di stabilire e rivendicare un fondamento etico alla base del proprio agire: l'enunciazione di questa sorta di codice di guerra risponde, si direbbe, principalmente a questa esigenza, sia per regolare e limitare l'uso della violenza da parte dei militanti, sia nel tentativo di distinguersi da un gruppo criminale e sanguinario, presentandosi come un corpo militare. Tuttavia, fin da subito si registrano violazioni di questi limiti che, in ogni caso, non impediscono la deriva criminale e sanguinaria a cui dalla seconda metà degli anni Settanta progressivamente si abbandona l'organizzazione (i nomi di Casalegno, Moro, Rossa e Taliercio sono forse i più evocativi in questo senso). Infrazioni e inutilità di questi limiti sono inscritti, del resto, in un così arbitrario e vacillante codice etico, basato su premesse stabilite unilateralmente e soggettivamente dalle stesse Br, senza che esista un riscontro oggettivo: la situazione di guerra civile, la presenza di una massa rivoluzionaria dietro queste avanguardie, lo *status* di combattenti dei brigatisti, la qualificazione di poliziotti e magistrati come combattenti di un esercito contrapposto. Fino al 1977, salvo il caso dell'assalto alla sede padovana del Msi di via Zabarella, che causò due vittime, vengono effettivamente colpiti a morte solo gli esponenti delle forze dell'ordine e della magistratura. In questo senso l'omicidio di Carlo Casalegno, alla fine del '77, segna una svolta nella involuzione criminale delle Br: da quel momento cominciano a venire colpiti a morte, sebbene non frequentemente, i dirigenti o le guardie di fabbrica, si afferma la pratica dell'eliminazione di traditori e delatori, gli esponenti delle istituzioni e della politica diventano bersagli di omicidi e di sequestri lunghi e talvolta dagli esiti letali, mentre si moltiplicano gli assassini di poliziotti, carabinieri, giudici, avvocati e persone, a vario titolo, impiegate nelle carceri. Osservando il dato della modalità nel corso del tempo, si individuano facilmente delle fasi precise: nel biennio 1972-73 il sequestro breve è l'unica forma di offesa alle persone che si registra; nel 1974, in piena fase di sbandamento dovuto ai gravi colpi inferti dalle forze dell'ordine all'organizzazione, si alza il livello dello scontro con i primi omicidi, sebbene non pianificati, perpetrati dalle Br; dal 1975 al 1977 prevalgono i ferimenti, numerosissimi soprattutto nel '77, che costituiscono la modalità tipica delle azioni condotte in questi anni contro giornalisti ed esponenti politici; dal 1978 in avanti aumentano progressivamente gli omicidi, che nel 1979 costituiscono già più della metà delle azioni totali e nel 1980 la stragrande maggioranza. A questo aumento degli omicidi si accompagna l'aumento del livello di efferatezza che si manifesta con stragi e uccisioni di ostaggi inermi al termine di lunghe prigionie: questi dati restituiscono una vivida fotografia di quella involuzione criminale e sanguinaria di cui si è detto, oltre che del pericoloso dibattersi di un gruppo che ha intrapreso una strada senza via di uscita e che si trova braccato e avviato al fallimento. Un'ultima considerazione riguarda i sequestri senza esito letale, che nei primi anni costituiscono il solo atto contro le persone e dopo una lunga eclisse ricompaiono nell'ultimo periodo: è evidente quindi che la loro presenza coincide con le due fasi di più intenso rapporto delle Br con l'esterno e in particolare con il movimento, dal momento che il sequestro è il tipo di azione che, per la sua durata nel tempo, si presta maggiormente a un uso politico, costituendo un terreno di "dialogo" con gli altri soggetti politici e che il plauso dei simpatizzanti si è sempre tramutato in biasimo di fronte all'uccisione dell'ostaggio.

L'incrocio tra le tipologie di modalità e le diverse zone ci conferma le tendenze già individuate. Roma è la città dove, in termini assoluti, si uccide di più; tuttavia, se rapportiamo il numero di vittime di omicidio agli anni di attività è la colonna napoletana ad aggiudicarsi il sinistro primato, un tratto caratteristico di questa colonna dalla breve vita che si mostra anche nell'alto numero di stragi. Dopo Torino, Genova è la città in cui avviene il maggior numero di ferimenti a confermare l'alto livello di capacità offensiva di questa

Figura 6. Tipologia degli attacchi

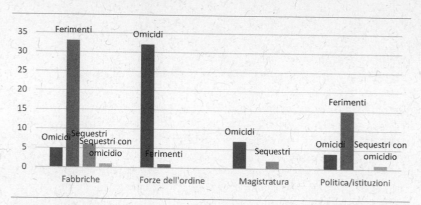

colonna, che in circa sei anni di vita porta a compimento 6 omicidi, una strage di tre persone, 15 ferimenti, 2 sequestri, un'irruzione armata e una lunga serie di attentati alle cose, rapine, azioni dimostrative. Questa frenetica attività rendeva ancor più evidente l'incapacità dello Stato di contrastare la colonna e, di contro, alimentava il mito della sua competenza militare: le Br genovesi assumevano così, agli occhi dell'opinione pubblica, l'aspetto di una forza oscura, sconosciuta e potente, facendo addirittura a un certo punto parlare di Genova come capitale delle Brigate rosse. Una situazione quasi perfettamente opposta è quella della struttura veneta, l'unica che non perpetra neppure un ferimento, a causa del suo basso livello di funzionamento, soprattutto riguardo all'aspetto militare.[9] Le poche azioni in Veneto si possono dividere in due tipologie: nella prima fase troviamo atti di modesta entità, come lanci di molotov o incendi di auto, e due omicidi non pianificati, ma anzi frutto di situazioni mal gestite; nella seconda fase abbiamo tre gravi fatti di sangue e il sequestro del generale della Nato, James Lee Dozier. interrotto dall'intervento delle forze dell'ordine che impegnano tutte le limitate risorse dell'organizzazione.

9. Va rilevato tuttavia che la colonna avrebbe potuto avere al suo attivo un ferimento, se, fortunatamente, le forze dell'ordine non avessero arrestato i due attentatori poco prima che portassero a termine la gambizzazione di un medico in servizio al Petrolchimico.

4. Cattivi maestri e bravi soldati

1. *Veneto*

È la primavera del 1968 quando nel cuore del Veneto bianco e nel luogo simbolo di un modello paternalista vincente, il lanificio Marzotto di Valdagno, un gruppo di operai in sciopero si scontra con le forze dell'ordine, accendendo una rivolta che culmina nell'abbattimento della statua del conte Marzotto e nell'assalto alle ville dei dirigenti, e termina con l'arresto di 47 lavoratori. È il primo segnale del fatto che la regione sta lasciandosi alle spalle il tradizionale immobilismo, avanzando nuove domande di partecipazione politica e inedite istanze di potere nel mondo della fabbrica; le lotte portano alla luce le contraddizioni del Veneto contemporaneo, del suo sviluppo tumultuoso e diseguale: sindacati, preti operai e studenti denunciano le condizioni di vita dei quartieri proletari e delle fabbriche, il costo eccessivo degli affitti per gli studenti fuori sede e la carenza di strutture universitarie per ospitarli, la nocività e l'inquinamento provocato dall'industrializzazione, la piaga del lavoro sommerso e così via. Silvio Lanaro ha ben descritto le cause e le caratteristiche dell'emergere dell'antagonismo operaio in Veneto:

> Nei punti di più elevata concentrazione, la quarta leva di operai-contadini […] si trova schiacciata per la prima volta dagli automatismi della fabbrica post-tayloristica, con gli alti tassi di nocività, la dittatura del cronometro, il cumulo delle mansioni, l'aumento inesorabile della dotazione di macchinario, l'aggancio sempre più stretto del salario alla produttività attraverso il cottimo e i "premi". Difeso alla meglio da un sindacato che stipula solo contratti di categoria o si arrocca nelle sue

guarnigioni – le Camere del lavoro – il nuovo proletariato industriale scopre allora il proprio antagonismo, in forma di irriducibile estraneità a tecniche inedite di disciplina, prima ancora che di avversione al modo di produzione capitalistico come tale: ha inizio l'epoca delle agitazioni a sorpresa, degli scioperi spontanei, degli autunni roventi.[1]

In questa regione la contestazione studentesca e operaia impatta con un territorio in cui a lungo avevano dominato stili di vita tradizionali, caratterizzati dal rispetto delle gerarchie e del magistero cattolico. Come ha notato Ilvo Diamanti, il successo elettorale della Dc, che coincide con l'inizio della guerra fredda, è riconducibile essenzialmente a due motivazioni: la predilezione dell'elettorato per i partiti moderati (ne è prova il fatto che, in controtendenza con il dato nazionale, il Psi ottiene risultati migliori del Pci) e una logica di appartenenza identitaria in virtù della quale «la Dc […] ottiene consensi anche in quanto garante del sistema locale, del complesso di relazioni, strutture e valori sul quale si regge».[2] Riguardo al primo aspetto non può non colpire l'apparente contraddizione tra un particolare moderatismo nel voto ai partiti istituzionali che si accompagna a un'eruzione dell'estremismo eversivo sia di destra sia di sinistra a partire dalla fine degli anni Sessanta, rendendo questa regione uno dei poli più caldi della stagione della violenza politica. I partiti tradizionali tradiscono una notevole difficoltà nel gestire questa tumultuosa e inedita domanda di partecipazione politica: mentre il Pci resta minoritario in gran parte del territorio, la sconfitta del fronte del Sì nel referendum contro il divorzio del 1974 e dell'opzione antiabortista in quello del 1978 segnano l'inizio del lento declino della Dc nella regione: si aprono così nuovi spazi all'estrema destra e all'estrema sinistra che, oltre a sferrare attacchi al sistema da fronti opposti, si scontrano tra loro con grande violenza. L'elenco degli episodi di pestaggi, aggressioni, agguati con armi improprie perpetrati da estremisti rossi e neri ai danni di militanti dell'oppo-

---

1. Silvio Lanaro, *Genealogia di un modello*, in Id., *Storia dell'Italia repubblicana. L'economia, la politica, la cultura, la società dal dopoguerra agli anni Novanta*, Venezia, Marsilio, 1992, p. 93.

2. Ilvo Diamanti, *Elezioni e partiti nel secondo dopoguerra*, in *Storia del Veneto*, a cura di Carlo Fumian e Angelo Ventura, vol. II, *Dal Seicento a oggi*, Roma-Bari, Laterza, 2000, pp. 193-208, p. 198.

sto schieramento lascia intravedere la pervasività e la frequenza di questa competizione violenta. Nei primi cinque mesi del 1974, solo a Padova, i carabinieri denunciano 13 episodi di aggressione per ragioni politiche che hanno per protagonisti giovani di destra e di sinistra, alternativamente nei ruoli di assalitori e assaliti.[3] A questa violenza capillare e diffusa si sommano fenomeni maggiori – il terrorismo, la lotta armata, progetti eversivi e una pratica di violenza e di illegalità di massa che si configura negli anni come un crescendo che culmina negli anni 1977-1978 – che caratterizzeranno il clima politico degli anni Settanta nel Veneto e in particolare a Padova, tanto che in un libro recente questi luoghi vengono definiti un «carismatico laboratorio prima della teorizzazione poi anche della pratica di violenza organizzata, illegalità di massa e terrorismo e dove trovano sede le più importanti centrali operative delle organizzazioni eversive di destra e di sinistra».[4]

La presenza di elementi dell'organizzazione brigatista risale al 1973-1974 e nella prima fase di vita in Veneto le Br decidono di costituire un gruppo misto, la Brigata Ferretto, formato da brigatisti e militanti di gruppi diversi, in particolare di Potere operaio. Il giudice Papalia l'ha definita come una sorta di scuola quadri per aspiranti brigatisti, ma il cui passaggio al livello superiore non è pacifico e automatico: non tutti i militanti della Ferretto diventano infatti membri delle Br.[5] In ogni caso, il progetto del gruppo misto si rivela un fallimento, in seguito al quale le Br ripiegano sulla tradizionale costituzione della colonna con clandestini esperti arrivati da fuori e arruolamento di elementi locali. Si possono individuare due fasi: quella del 1974-1975, che comprende gli incerti prodromi, e quella del 1980-1982, il cui ultimo periodo è segnato dalla fronda movimentista. Un intervallo lungo un lustro intercorre tra due fasi tanto diverse che non sarebbe forse scorretto parlare di due distinte colonne venete. L'esistenza della prima colonna sarà labile e intermittente e contrassegnata da una gestione disastrosa: imprudenze,

---

3. Tribunale penale di Padova (TPPd), Procedimento 10735/92, par. 23, Rapporto del commissario di Polizia di Padova, 1974.
4. Calogero, Fumian, Sartori, *Terrore rosso*, p. 5.
5. TPVe, Sentenza della Corte d'Assise d'Appello di Venezia del 16 luglio 1986.

indisciplina, smarrimenti di documenti importanti, infrazione delle regole di compartimentazione, trascuratezza delle precauzioni previste per gli appuntamenti causano arresti e provvedimenti disciplinari a danno di militanti. Ma sarà soprattutto, l'omicidio "sbagliato" di via Zabarella a suggerire alla direzione nazionale di congelare la colonna veneta; quella che doveva essere un'azione antifascista incruenta si trasforma invece nel primo omicidio delle Brigate rosse, con l'uccisione di due militanti missini, Graziano Giralucci e Giuseppe Mazzola, determinando un salto in avanti nel livello di offesa non previsto e gestito con grande difficoltà dall'organizzazione.[6] Dovranno passare sei anni prima che la colonna veneta si ricostituisca; nel 1980 comincia la breve vita della seconda colonna che in appena tre anni metterà a segno tre omicidi e il rapimento di un alto ufficiale dell'esercito degli Stati Uniti.

La storia delle Brigate rosse in Veneto è quella di un progetto travagliato, segnato da discontinuità, fratture, battute d'arresto, e la stessa fisionomia dell'organizzazione presenta qui tratti assai difformi da quelli che caratterizzano l'organizzazione nel suo complesso. Si pensi, soprattutto, al lassismo con cui vengono applicate quelle regole che non solo costituiscono uno degli aspetti più riconoscibili delle Br, ma ne consentono la stessa esistenza; e ancora particolarità come il numero esiguo di clandestini, la struttura diffusa, la marcata funzione di retrovia addetta al logistico, la scarsa efficienza militare cui si accompagna una certa vitalità teorica. Sono elementi che rimandano a fattori del contesto che hanno particolarmente condizionato le Brigate rosse venete: la frammentazione territoriale, la versione locale dell'antifascismo e della tradizione resistenziale e il ruolo di Potere operaio e della galassia autonoma. Il quadro che emerge è quello di un'organizzazione che stenta a trovare un proprio spazio politico e un terreno adeguato al proprio progetto: frammentazione, discontinuità, scarti rispetto alla propria traiettoria, contaminazioni sono le modalità attraverso cui si dipana la parabola delle Br in Veneto diventando elementi caratterizzanti la loro stessa fisionomia in questa regione.

---

6. TPPd, Ufficio Istruzione, Sentenza-ordinanza nel procedimento penale 316/86 AGI contro Curcio e altri, Verbale di interrogatorio reso da Alfredo Buonavita il 2 marzo 1982.

La colonna presenta una particolare configurazione decentrata, in dipendenza e dell'assenza di un polo metropolitano oltre che industriale e della funzione preminentemente logistica sino allora assegnata al Veneto (reperimento di armi e produzione di falsi poi distribuiti alle altre colonne Br); così accanto al polo industriale, che vede brigatisti inseriti nel mondo operaio e negli organismi di base spontanei [...], vi sono nuclei di militanti diffusi nell'intera regione.[7]

Così viene descritta la colonna veneta nella sentenza della Corte d'Assise di Venezia contro i rapitori e gli assassini del direttore del Petrochimico Giuseppe Taliercio. Da parte sua, Carlo Fumian individua come una delle caratteristiche peculiari la «diffusione policentrica di covi e nuclei»,[8] e questa caratteristica è evidentemente specchio della particolare conformazione urbanistica e dell'industrializzazione in Veneto, entrambe "diffuse" in una molteplicità di centri medio-grandi. Il mero elenco della dislocazione delle basi su cui potevano contare la colonna veneta mostra chiaramente la sua estensione diffusa, che travalica i confini regionali e che la caratterizza in modo decisamente atipico rispetto alle altre: Venezia, Verona, Padova, Treviso, Jesolo, Udine, Mestre. All'interno della colonna veneta è possibile distinguere due aree: se Mestre e Marghera costituiscono la prima zona di intervento operativo, i gruppi presenti nelle altre città svolgono una funzione prevalentemente logistica, così è soprattutto per quello padovano, mentre quelli di Verona, di Treviso e di Codroipo in Friuli, dove la colonna aveva alcune basi nelle città di Udine e poteva contare su un gruppo di militanti, alla vocazione logistica si affianca un maggiore spessore politico. Sebbene la mancanza di un vero centro metropolitano determini la dispersione in diverse città e paesi, quello che nel linguaggio brigatista è definito "polo" è identificabile per il Veneto nel capoluogo di regione, per la presenza del centro industriale di Marghera: qui vengono perpetrate le azioni più importanti, qui transitano i dirigenti di colonna; colpisce tuttavia che i brigatisti locali siano tutti irregolari, anche in una realtà importante come questa. Per quanto riguarda il gruppo padovano, esso è caratterizzato dalla preponderanza di ruoli logistici che lo

---

7. TPVe, Sentenza della Corte d'Assise contro Alunni e altri, 20 luglio 1985, p. 43.
	8. Calogero, Fumian, Sartori, *Terrore rosso*, p. 102.

rendono protagonista nella realizzazione dei due sequestri avvenuti nella regione; i militanti della zona provengono in massima parte da gruppi di Autonomia e non forniscono un contributo politico particolarmente rilevante. Per quanto riguarda i veronesi, la caratteristica principale è la fedeltà alle direttive dell'Esecutivo di cui sono diretta espressione; il responsabile di questa zona, Cesare Di Lenardo, è infatti un clandestino legato all'impostazione di Mario Moretti. Da qui la posizione assunta ai tempi del sequestro di Giuseppe Taliercio, fermamente a favore dell'esecuzione dell'ostaggio, e l'intransigenza nei confronti di posizioni dissidenti che esaspererà le contraddizioni interne, portando alla scissione della formazione e alla nascita della Colonna Due agosto, costituita dai brigatisti che non si riconoscevano nella linea imposta dal centro. Il maggiore impegno politico dei veronesi rispetto ai padovani si esprime nella costituzione di un settore fabbriche che organizza gruppi di studio e attività propagandistiche; in particolare alla Glaxo viene svolta un'intensa opera di propaganda e di studio dei diversi aspetti della fabbrica, dall'assetto societario al decentramento produttivo, all'organizzazione sindacale: viene redatta una cronistoria dell'azienda, vengono stilate relazioni e raccolte informazioni con l'obiettivo di creare al suo interno dei Nuclei clandestini resistenti. Nell'economia della colonna detta veneta, infine, è tutt'altro che trascurabile la componente friulana: nella zona operaia e industriale di Pordenone opera un nucleo di brigatisti che coltiva contatti con alcuni lavoratori della Zanussi; a Udine e a Codroipo altri militanti e simpatizzanti delle Br offrono un prezioso ed efficiente supporto logistico, come la custodia di armi e l'occultamento di brigatisti in fuga.

Già nella prima fase di vita della colonna, Gianni Francescutti aveva stabilito un rapporto con alcuni esponenti del comitato operaio della Zanussi per ricevere informazioni sulla fabbrica, l'ambiente operaio e l'attività sindacale; rapporto che si era poi interrotto per l'arresto del brigatista e la sospensione dell'attività della colonna, e che si era tentato di ricostruire con la ripresa di fine decennio. Inoltre, sempre Francescutti aveva individuato nella zona di Codroipo un gruppo di giovani che dopo il sisma del 1976 si erano riuniti in un "coordinamento dei paesi terremotati", gravitavano intorno a una radio libera, Radio Talpa, e mostravano insoddisfazione rispetto alla militanza nelle forme in cui la praticavano. Il brigatista aveva quindi avvicinato quelli di loro che mostravano un atteggiamento possibilista verso la lotta armata al fine di connetterli all'organizzazione: è così che avviene l'infiltrazione del gruppo detto della casa rossa da parte delle Brigate rosse e da qui cominciano gli incontri e le relazioni tra clandestini e una piccola parte di questi militanti friulani che diventeranno "contatti" delle Br. Questi contatti svolgono un'intensa attività di controinformazione e di raccolta di dati che forniscono all'organizzazione una conoscenza approfondita della realtà di una delle fabbriche più importanti della zona. Altri contatti interni alle fabbriche di Porto Marghera consentono alle Brigate rosse di acquisire informazioni sul principale polo industriale della regione, in particolare sulle imprese appaltatrici cui le aziende affidavano parte del processo produttivo e che, nell'analisi brigatista, costituivano il cuore del progetto di ristrutturazione.[9]

La particolarità di questo tessuto diffuso, non raccolto intorno a un centro metropolitano o industriale, bensì sparso nella regione, ha consentito alla colonna, pur dopo la cattura di capi e militari di spicco e la scoperta di covi, di sopravvivere e anzi espandersi velocemente grazie alla capillarità di aderenti e mezzi da cui essa è stata costantemente assistita, e alla capacità di penetrazione in aree contigue. La via veneta all'industrializzazione – che non ha creato una grande concentrazione operaia fordista e, di conseguenza, una metropoli fordista, ma si è diffusa sul territorio dando vita a luoghi di lavoro anche molto diversi tra loro, in cui affluisce una popolazione in gran parte contadina, sovente legata ai valori e alla socialità cattolici, in parte residente in contesti rurali –, risulta essere un ambiente poco congegnale all'impianto di una colonna brigatista. Nel tentativo di penetrare in questo particolare mondo di fabbrica, nella seconda fase della vita dell'organizzazione, le Br creano in ogni luogo di lavoro quello che chiamano un Nucleo di resistenza clandestino[10] che do-

9. Sulla componente friulana cfr. TPVe, Sentenza della Corte d'Assise contro Alunni e altri, 20 luglio 1985 e TPVe, APM, Ufficio Istruzione, n. 298 RG 1981, b. N 1067/81, fasc. Angelo Vestretti, Dichiarazioni rese da Vestretti avanti al sostituto procuratore della Repubblica di Udine, Remanzacco, 19 gennaio 1982.

10. È necessaria una precisazione riguardo a questa sigla che può generare notevole confusione: essa, infatti, è sia una formula utilizzata dalle Br per fare riferimento a proprie articolazioni interne, sia un'espressione utilizzata dal gruppo autonomo di Fausto Schiavetto che ne afferma la derivazione brigatista in un volantino

vrebbe attuare azioni di sabotaggio, proselitismo e controinformazione nei vari stabilimenti. È opportuno richiamare la caratteristica cui si è già accennato, che è tipica della struttura veneta, di avere all'attivo un modesto numero di regolari, a fronte, bisogna qui aggiungere, di un nutrito gruppo di fiancheggiatori e simpatizzanti, in particolare di quelli che in gergo brigatista vengono definiti "contatti", cioè persone che entrano in contatto con i brigatisti, discutono di problemi politici e di linee teoriche, ricevono materiali informativi e una sorta di indottrinamento, svolgono talvolta una modesta attività di sostegno – tipicamente fornendo notizie sui luoghi di lavoro in cui sono occupati – ma non sono considerati militanti dell'organizzazione, rimanendo distinti quindi dagli irregolari che lo sono a tutti gli effetti; sovente questa condizione di "contatto" è propedeutica all'ingresso nell'organizzazione, ma non è raro che il passaggio non avvenga e che, dopo un certo periodo, la persona si allontani definitivamente.

Questa particolare situazione di preponderanza di irregolari e contatti con funzioni non militari è stata letta dal giudice della Corte d'Assise di Venezia come spia di una differenziazione interna dei compiti nelle Br che ne contraddirebbe l'impostazione teorica; si legge, infatti, nella sentenza:

> grazie a soggetti dedicati esclusivamente al settore aziendale dell'organizzazione eversiva, e allo sfruttamento intensivo di tale forza lavoro gratuitamente disponibile a prestazioni serializzate, degratificanti, ripetitive, poco "politiche" le Br – i dirigenti politici – sono affrancati da assillanti problemi materiali, evidenti allorché il modulo-chiave è la clandestinità: case, mezzi, denaro, veicoli, documenti diventano oggetti ad elevato valore d'uso, vitali presupposti del partito armato, il quale in definitiva ha sempre più mostrato di staccarsi dalla originaria progettualità di indistinzione tra "coloro che fanno e coloro che pensano", per realizzare viceversa una struttura altamente specializzata nella distribuzione di reali competenze e poteri di intervento.[11]

che contiene diverse dichiarazioni di plauso dell'operato delle Br. Come si legge in una sentenza della Corte d'Assise di Venezia, con la stessa sigla si fa riferimento sia a un'attività contigua a quella delle Br e da essa apprezzata, ma esterna, sia a un gruppo interno all'organizzazione. Cfr. TPVe, Sentenza della Corte d'Assise contro Alunni e altri, 20 luglio 1985, p. 408.

11. TPVe, Sentenza della Corte di Assise contro Alunni e altri, 20 luglio 1985, p. 592.

Sembra a chi scrive, invece, che non si possa parlare di una specializzazione dei compiti, ordinata con il proposito di dividere i militanti tra manovalanza e dirigenza, quanto piuttosto dell'effetto della preponderanza di "militanti part-time" che, come si è visto, sono maggiormente orientati e adeguati a compiti di logistica. Un'ultima considerazione riguardo a questo aspetto si può ricavare esaminando il contrasto tra Gianni Francescutti e Antonio Savasta in cui emergono con evidenza i differenti caratteri delle due figure, laddove il secondo, venuto da Roma, incarna il prototipo del dirigente brigatista, che avoca a sé tutte le funzioni necessarie, non propone una propria linea né politica né strategica, ma si fa affidabile portavoce delle decisioni prese a maggioranza dalla dirigenza, fedele al principio, vigente nelle Br, del centralismo democratico; mentre il primo ne rappresenta una versione più tipicamente "veneta" per cui dichiara una propensione per il lavoro politico rispetto a quello logistico e soprattutto militare, e agisce di conseguenza, oltre a farsi portatore di una propria linea, anche ponendosi in contrasto con la dirigenza. Questa specializzazione e differenziazione di compiti e ruoli, questi *status* difformi da quello di brigatista a tutto tondo sono infatti tipici di questa realtà,[12] ma molto poco diffusi negli altri poli. Infine, la presenza di questi "contatti" accompagnata dall'esiguità del numero di militanti regolari costituisce, evidentemente, un'ulteriore causa di frammentazione, poiché il nucleo unificante e direttivo risulta debole, così come si indebolisce la struttura gerarchica e la compattezza dell'organizzazione, favorendo comportamenti difformi, agiti in ordine sparso da parte dei militanti di base, e porosità rispetto ad aree limitrofe, in particolare quella dell'Autonomia. Da ultimo, la mancanza di una metropoli, in cui è possibile condurre un'esistenza anonima e quasi invisibile, ostacola la possibilità di applicare la compartimentazione che infatti è largamente disattesa. La colonna appare quindi frammentata, sia dal punto di vista della coesione interna,

---

12. Si pensi al caso "estremo" di Vittorio Oliviero, brigatista irregolare della colonna veneta, che partecipò come autista all'omicidio del commissario Alfredo Albanese, capo della sezione Antiterrorismo della Digos. Pur prendendo parte ad azioni militari importanti e avendo un ruolo di primo piano nell'organizzazione logistica, Oliviero sceglie di non diventare regolare, a sua detta, non condividendo del tutto il progetto brigatista dal punto di vista politico.

sia in termini di presenza sul territorio, sia in termini di continuità nel tempo, procedendo infatti a balzi, tra eruzioni ed eclissi.

Un altro aspetto caratterizzante le Br venete è il confronto con la presenza ingombrante di Potere operaio e dell'Autonomia, cui si accompagna la cristallizzazione di narrazioni inconciliabili che caratterizza la storia della memoria e del discorso pubblico sul tema fino ai nostri giorni. Il brigatista pentito Antonio Savasta sostiene che prima del suo arrivo in Veneto nel maggio 1980 vi fossero rapporti continui tra Br e Autonomia alla ricerca di una cooperazione politica; dopo il suo arrivo i contatti si sarebbero molto diradati a causa della sua personale contrarietà a creare legami con quell'area politica. Secondo Peci ci furono contatti fra Br e Autonomia organizzata nel Veneto, ma non produssero nulla perché i militanti della seconda «restano sulle loro posizioni e noi sulle nostre».[13] Tutta la storia della lotta armata nella regione ci parla di un rapporto tra brigatisti e autonomi, un rapporto, però, conflittuale, mai risolto, mutevole: emergono importanti differenze strategiche, tattiche, di radicamento territoriale,[14] di individuazione degli obiettivi tra le due organizzazioni. Autonomia ha nell'Università padovana il suo fulcro di elaborazione ideologica, sebbene siano fondamentali dal punto di vista dell'azione politica le assemblee di fabbrica, in particolare quelle di Porto Marghera; l'elaborazione ideologica è sovrabbondante: intensissima la produzione di volantini, fogli, giornali, pamphlet dove vengono esposte le tesi e indicate le strategie politiche; l'attività politica è intrecciata a quella militare e forse è più significativa, esprimendosi, oltre che nella produzione scritta, nell'attività radiofonica, nella partecipazione ad assemblee, manifestazioni, cortei e, in generale, inserendosi nelle lotte operaie a fianco dei lavoratori; gli obiet-

13. ACS, DPCM, Sequestro e uccisione dell'on. Aldo Moro (Direttive Prodi-Renzi), MD, AdC, b. 28, Requisitoria del sostituto procuratore generale della Repubblica presso la Corte d'Appello di Roma, Guido Guasco, 31 dicembre 1979, Dichiarazioni di Patrizio Peci, pp. 173-174.

14. La diversa distribuzione sul territorio delle due organizzazioni è testimoniata anche da "Nessuno", carabiniere del Nucleo speciale antiterrorismo guidato da Alberto Dalla Chiesa, il quale dichiara: «Non è che le Brigate rosse non ci fossero [...]. A Padova c'era l'Autonomia, ma a Verona e Porto Marghera c'erano le Brigate rosse!», citato in Fabiola Paterniti, *Tutti gli uomini del generale. La storia inedita della lotta al terrorismo*, Milano, Melampo, 2015, p. 113.

tivi non sono individuati esclusivamente all'interno della fabbrica o nei rappresentanti dei cosiddetti agenti della controrivoluzione, ma anche nel mondo dell'università, del lavoro nero, dei quartieri e nella società nel suo complesso; infine, la strategia di Autonomia è quella di inserirsi nelle lotte di massa alzando il livello dello scontro e orientandole in senso rivoluzionario. Viceversa, le Brigate rosse individuano il centro dell'azione nel polo industriale di Marghera, il lavoro politico e l'elaborazione ideologica sono scarsi e subordinati all'azione militare, il mondo delle fabbriche costituisce il bersaglio privilegiato del loro intervento, infine la strategia adottata è quella dell'azione clandestina, condotta in sostanziale autonomia rispetto alle lotte delle masse nell'intento di guidarle verso la rivoluzione con il proprio esempio di avanguardie armate. Tuttavia, in questo contesto il rapporto tra le due organizzazioni è molto più stretto che in altri: qui si ha un caso di formazione mista, lo scambio di militanti è particolarmente frequente e le azioni delle ultime Brigate rosse costituiscono elementi di un dialogo con l'area dell'Autonomia. Ma, soprattutto, l'incapacità di strutturarsi in una colonna efficiente può ricondursi alla presenza di un'area autonoma ingombrante: l'organizzazione brigatista non solo non può prescinderne, ma stenta a trovare propri spazi e ne viene influenzata pesantemente a livello di fisionomia e struttura. Si pensi all'esiguo numero di clandestini, una caratteristica che è sintomatica di un modello in qualche misura deviante rispetto a quello classico brigatista e che sembra potersi ricondurre all'ingerenza dell'Autonomia: la scelta della clandestinità, specifica proprio delle Br, è in questo contesto minoritaria e ad essa viene preferita una militanza più fluida, più simile appunto a quella dei gruppi autonomi; inoltre, gli stessi clandestini risentono dell'influenza di Autonomia operaia che suggerisce un minore rispetto delle regole della clandestinità. Il rapporto tra i due gruppi, quindi, è definibile in Veneto nei termini di un'egemonia dell'Autonomia operaia, legata al forte carisma di Toni Negri e al radicamento della sua organizzazione nelle università, nelle scuole e nelle fabbriche, che impedisce alle Br di inserirsi con successo nel territorio, provocandone la marginalizzazione o infiltrazioni pericolose di elementi movimentisti e legati ad Autonomia che ne minano l'efficacia militare, indebolendo il rispetto per quelle regole di compartimentazione, clandestinità e segretezza indispensabili per la sopravvivenza del gruppo. Guardando alla cronologia delle vicende delle Br in Veneto, notiamo infatti che il primo approccio è la creazione del gruppo misto Brigata Ferretto, una soluzione mai adottata in nessun altro contesto, ma che la situazione qui evidentemente suggeriva; in seguito al fallimento di questo progetto si tenta di dare vita a una colonna "classica" che vive circa un anno tra arresti, errori, un'azione finita in tragedia; seguono anni di inattività con la colonna "congelata" dalla dirigenza centrale, uno stallo da cui esce solo nel 1980, all'indomani del sostanziale smantellamento dell'Autonomia in seguito agli arresti cominciati con il blitz del 7 aprile; solo a questo punto inizia la breve vita di una colonna propriamente detta in Veneto. La presenza radicata di Autonomia operaia non costituisce, quindi, un fattore di rafforzamento *sic et simpliciter* per le Br, in quanto problematizza e complica la vita della colonna brigatista con suggestioni movimentiste disgregatrici.

2. *Genova*

Negli anni Settanta, Genova è una città industriale che vive una grave crisi, per molti versi irreversibile. L'importante calo demografico che si registra a partire dal 1969, non accompagnato da mutamenti nelle forme nelle strategie del governo della città, si configura allora come un'involuzione e un ripiegamento; allo stesso modo, il rilevante fenomeno di invecchiamento appare una questione non solo anagrafica, ma anche di mentalità e di strumenti con cui affrontare i grandi mutamenti del decennio, che si riverbera immediatamente sul mondo economico, determinando una flessione degli occupati in attività produttive in una città in cui, già dal secondo dopoguerra si registrano, nel rapporto tra popolazione attiva e popolazione totale, i valori più bassi tra le città del triangolo industriale.[15] Questa situazio-

15. Cfr. Paolo Arvati, *Oltre la città divisa. Gli anni della ristrutturazione a Genova*, Genova, Sagep, 1988; Franco Monteverde, *La città mutante*, Genova, Sagep, 1984; *Liguria: società, economia e istituzioni locali nella transizione. Rapporto del Censis*, Milano, Franco Angeli, 1983; Marco Palumbo, *Il mutamento sociale*, in *Storia d'Italia. Le regioni*, vol. XI, *Liguria*, a cura di Antonio Gibelli, Torino, Einaudi, 1994; *Genova in numeri*, Genova, Comune di Genova, 1991; *Genova: ieri, oggi, domani*, Milano, Rizzoli, 1985.

ne di crisi che determina incertezza verso il futuro, i rapidi cambiamenti non assimilati, che provocano collosità e resistenze, la perdita di identità e di ruolo della città, la composizione particolare della società possono essere considerati come alcuni dei fattori che fanno di Genova un centro assai importante nella mappa dell'eversione e della lotta armata degli anni Settanta. La violenza politica di massa resta invece un fenomeno marginale, proprio a causa dell'assenza di una forte componente di quell'area della sinistra radicale che praticava questo tipo di lotta. Qui sono soprattutto le istituzioni del movimento operaio a risultare radicate tra i lavoratori genovesi: né l'operaismo degli anni Sessanta, che sarà in questa città fenomeno assolutamente irrisorio, né il "secondo biennio rosso" riescono a mettere seriamente in crisi questa egemonia, sebbene si avverta qualche incrinatura dopo l'autunno caldo con l'emergere di nuove forze di base, che si pongono al di fuori delle mediazioni e degli organi di rappresentanza del sindacato e del partito, portando avanti battaglie assai radicali.

Nella primavera del 1979, un'operazione effettuata dai Carabinieri del nucleo comandato dal generale Alberto Dalla Chiesa porta all'arresto di numerosi militanti della sinistra rivoluzionaria. Su «Panorama» compare un articolo a firma di Camillo Arcuri in cui si afferma che il successo dell'operazione deriva dalla rottura dei collegamenti tra università e fabbriche rispetto a un non meglio precisato progetto eversivo. Questa rottura sarebbe stata determinata dall'omicidio dell'operaio comunista Guido Rossa per mano delle Brigate rosse: un omicidio che aliena definitivamente ai terroristi le simpatie e il consenso della classe operaia. L'articolo ricostruisce alcune biografie di militanti emblematiche di tali collegamenti tra estremismo politico universitario e infiltrazioni brigatiste nelle fabbriche, ma negli anni successivi emergerà l'estraneità di queste figure rispetto all'organizzazione brigatista; torna qui il pesce di Mao, ma questa volta «nuota a suo agio in una ragnatela di canali sotterranei».[16] L'estremismo politico, più presente nelle università che nelle fabbriche genovesi, non è infatti di necessità correlato alla proliferazione del terrorismo.

Se lo spazio per l'estremismo politico è esiguo, sarà la lotta armata a conquistare una relativa importanza, facendo della città un

16. Camillo Arcuri, *Ma anche Genova docet*, in «Panorama», 684 (29 maggio 1979), p. 29.

laboratorio in cui si anticipano tendenze ed esperimenti. Basti pensare che la prima formazione di estrema sinistra a praticare in Italia la lotta armata nasce nel 1969 nella periferia del capoluogo ligure; è un gruppo senza nome che presenta una linea operativa decisamente improvvisata, eppure, la 22 ottobre, come verrà battezzato dagli inquirenti facendo riferimento alla presunta data di nascita, lungi dall'apparire come un episodio poco significativo, presenta le caratteristiche di un fenomeno per molti versi anticipatorio e che getterà una lunga ombra sulla successiva storia della lotta armata: sia il primo attacco al cuore dello Stato – il rapimento di Mario Sossi[17] –, sia il primo omicidio politico pianificato delle Brigate rosse – l'uccisione di Francesco Coco[18] e della sua scorta – avranno come teatro Genova e saranno legate alla vicenda della 22 ottobre.

All'epoca dell'omicidio del giudice Coco, la colonna genovese muoveva i suoi primi passi. Nel capoluogo ligure i simpatizzanti delle Brigate rosse erano relativamente numerosi e, dopo appena tre anni dalla nascita della colonna, Genova sarà la terza città italiana più colpita dalle azioni brigatiste dopo Milano e Torino, mentre l'Ansaldo risulta tra le cinque fabbriche più bersagliate da attentati su tutto il territorio nazionale.[19] Dal 1977 viene completata la strutturazione della colonna con la creazione di tre fronti, tra cui spicca per efficienza quello logistico, soprattutto nella gestione delle armi.[20] La colonna genovese appare contraddistinta dall'efficienza e

17. Mario Sossi, nel 1974, ricopriva la carica di sostituto procuratore della Repubblica presso il Tribunale di Genova. Viene individuato come obiettivo dalle Brigate rosse soprattutto in ragione del suo ruolo di pubblico ministero nel processo contro il gruppo 22 ottobre. Rapito dalle Br a Genova il 18 aprile 1974, viene tenuto prigioniero per più di un mese e rilasciato il 23 maggio.

18. Francesco Coco era procuratore generale presso la Corte d'Appello di Genova. Durante il rapimento di Mario Sossi si oppose alla linea della trattativa con i brigatisti e si rifiutò di autorizzare la scarcerazione dei membri della 22 ottobre che le Br avevano chiesto come contropartita per la liberazione dell'ostaggio. Questa decisione costerà la vita al magistrato che l'8 giugno 1976 cadde vittima di un agguato delle Br, insieme ai membri della sua scorta: il brigadiere di polizia Giovanni Saponara e l'appuntato dei Carabinieri Antioco Dejana.

19. *Terrorismo e nuovo estremismo*, a cura della Federazione ligure del Pci, Sezione Problemi dello Stato, Genova [s.n.], 1978, p. 13.

20. Per la struttura della colonna genovese si veda Tribunale penale di Genova (TPGe), Sentenza della Corte d'Assise contro Arnaldi e altri, 10 dicembre 1981.

dall'alto livello offensivo sul piano dell'azione; va considerato che i brigatisti genovesi appartengono tutti alla seconda generazione, connotata da una maggiore disinvoltura verso all'uso delle armi; inoltre, la colonna è attiva dal 1975 al 1981, nel periodo in cui le Brigate rosse raggiungono il più elevato livello di aggressività, fedele fino all'ultimo alla linea di Mario Moretti e del Comitato esecutivo. Il calendario delle attività genovesi segue strettamente quello delle campagne nazionali, dalle azioni incruente in fabbrica ai ferimenti di giornalisti, esponenti della Democrazia cristiana e dirigenti industriali impegnati nella ristrutturazione, fino agli agguati mortali ai rappresentanti delle forze dell'ordine nel quadro della "campagna contro gli agenti della controrivoluzione". L'unico episodio che rappresenta uno scarto della colonna genovese rispetto alla direzione nazionale, per il quale verrà sanzionata, è l'omicidio di Guido Rossa, un operaio comunista con un ruolo importante nella Cgil genovese.

Le Brigate rosse genovesi hanno sempre avuto un interesse particolare per la fabbrica e uno degli obiettivi principali è proprio il radicamento tra gli operai e la realizzazione dell'intervento nei processi di cambiamento in atto nell'industria: il 60% degli obiettivi di azioni di ferimento e il 42% delle vittime di tutte le azioni di fuoco compiute dalla colonna genovese sono dirigenti industriali o comunque figure rappresentative del mondo della fabbrica, mentre le forze dell'ordine rappresentano il 24% e gli esponenti della Dc il 29% del totale delle vittime; il Fronte delle Fabbriche è quello che svolge il lavoro teorico e di studio più approfondito e produce il maggior numero di documenti. Sebbene, infatti, l'elaborazione teorica delle Br genovesi sia particolarmente povera, i documenti prodotti qui sono meno ideologici e più raramente rivolti genericamente contro lo Stato rispetto a quelli di altre realtà; viceversa dimostrano una profonda conoscenza delle realtà della fabbrica, della politica, dell'imprenditoria e del sindacato liguri.[21]

21. Vedi l'opuscolo delle Brigate rosse, intitolato «Campagne sulle fabbriche N 17» e i volantini di rivendicazione delle azioni citati nelle Sentenze della Corte d'Assise di Genova del 10 dicembre 1981; 27 febbraio 1982; 8 ottobre 1982; 1 dicembre 1982; 26 febbraio 1983; 24 febbraio 1984 e della Corte d'Assise d'Appello di Genova del 23 febbraio 1982, 11 giugno 1982; 10 novembre 1984 e 7 novembre 1985.

Il brigatista Enrico Fenzi, membro della colonna genovese, così descrive la specificità della formazione locale:

> C'era un fondo frustrato di positivismo ingegneresco nei brigatisti che ho conosciuto a Genova, che li rendeva assolutamente diversi dagli altri esponenti del movimento e li faceva seri e pedanti, adatti forse a cogliere meglio alcuni nodi della ristrutturazione in atto, ma ciechi e sordi alla dimensione complessiva del mutamento, alla vita vera che vi scorreva dentro, ai colori nuovi del dramma sociale.[22]

L'interesse delle Brigate rosse per le fabbriche si esprime anche in una serie di azioni cruente che hanno come obiettivi dirigenti industriali e uomini politici legati a Confindustria. Carlo Castellano, colpito il 17 novembre del 1977, rappresenta un caso emblematico: è membro del comitato regionale del Pci e direttore centrale dell'Ufficio Pianificazione dell'Ansaldo, e impegnato da anni nel rinnovamento delle aziende a partecipazione statale e nello studio delle strategie gestionali per affrontare la crisi delle industrie. Nel volantino di rivendicazione, le Brigate rosse ripercorrono tutta la vita professionale di Castellano, dimostrando una conoscenza particolareggiata del suo impegno nell'ambito della ristrutturazione.[23]

Un altro obiettivo che riassume in sé le principali battaglie ingaggiate dalle Brigate rosse rispetto al settore delle fabbriche, quella contro la ristrutturazione capitalista dell'industria e quella contro la convergenza tra mondo imprenditoriale e potere democristiano, è Filippo Peschiera, direttore della Scuola di Formazione superiore, membro del comitato provinciale della Dc genovese, docente di diritto del lavoro alla Statale di Milano e all'Università di Genova. Entrambi i ferimenti si inseriscono in quella che è la linea portante dell'organizzazione da questo momento in avanti: dopo la fase dell'antifascismo militante in cui i bersagli principali erano figure considerate antagoniste del movimento operaio e del proletariato in generale, si apre il periodo in cui vengono colpite le figure del dialogo e della mediazione. Il ferimento di questi due manager genovesi, comunista l'uno e democristiano l'altro,

22. Enrico Fenzi, *Armi e bagagli. Un diario dalle Brigate Rosse*, Genova, Costa & Nolan, 2006, p. 53.
    23. «Il Secolo XIX», 19 novembre 1977, p. 7.

ma entrambi tesi a superare le divergenze ideologiche in nome di un comune progetto di risanamento e progresso industriale, è una sorta di anticipazione dell'*affaire* Moro. La figura di un comunista con un ruolo da dirigente industriale e impegnato, per di più, nella rifondazione delle aziende viene presentata dalle Br come un tradimento della classe operaia, da qui la classica accusa al Pci di aver intrapreso la strada del riformismo che lo porta ad assumere un ruolo controrivoluzionario.

Tuttavia, soprattutto con l'introduzione della pratica degli omicidi e dei ferimenti, a Genova molto numerosi, e con il conseguente clima di intimidazione e di paura generato dalle azioni terroriste e dalle misure prese per la loro repressione, l'attitudine degli operai verso l'organizzazione vira verso la repulsione, fino ad arrivare con l'omicidio di Guido Rossa a un rapporto di decisa contrapposizione. E tuttavia non sarebbe corretto affermare che le fabbriche restino impenetrabili: dai documenti prodotti dalla Sezione Problemi dello Stato della Federazione provinciale del Pci[24] si evince che la simpatia e il consenso di cui godevano i brigatisti presso gli operai genovesi risulta in alcuni momenti preoccupante per il partito. Del resto, la stessa enfasi con cui si è affermato da più parti che l'assassinio di Guido Rossa segna l'inequivocabile distacco tra le Brigate rosse e la classe operaia presuppone che qualche tipo di vicinanza – parziale, ambigua, controversa, fraintesa – ci sia stata.[25] Inoltre, l'interesse delle Brigate rosse genovesi per la fabbrica non si esaurisce nella propaganda presso i lavoratori, ma comporta anche l'impegno di studiarne le dinamiche, i problemi, le prospettive, i meccanismi e le probabili evoluzioni; da qui la profonda conoscenza delle realtà

24. In particolare, il documento intitolato *Terrorismo e nuovo estremismo*, stilato dalla Sezione Problemi dello Stato del Pci ligure nel 1978 che restituisce i risultati di un'indagine condotta dal partito nelle fabbriche, nota tra l'altro che l'estremismo politico e il terrorismo sono due problemi diversi e non necessariamente si accompagnano a vicenda.

25. Si vedano ad esempio le dichiarazioni degli operai dell'Italsider dopo l'omicidio di Guido Rossa riportate nel documentario *La colonna* realizzato per *La grande storia* di Luigi Bizzarri e Francesco Cirafici. Tra queste risulta particolarmente significativa quella di un operaio intervistato durante i funerali che ammette l'esistenza di un diffuso senso di colpa verso la vittima, il cui comportamento «non era stato capito da tutti».

industriali locali dovuta in gran parte dal contributo dei molti operai che in essa militavano. In una città come quella ligure, con un Pci molto forte e una classe operaia estremamente sindacalizzata, significava andare allo scontro con le istituzioni del movimento operaio; con l'omicidio di Rossa, le Brigate rosse assumono, senza più dubbi, il ruolo di nemici nei confronti di queste istituzioni. Sebbene questa opposizione non fosse probabilmente stata concepita in modo così estremo, non si può tuttavia negare che si tratti di un esito non incongruente con il percorso portato avanti dalle Br, dal momento in cui la lotta contro i "revisionisti berlingueriani" assume un peso importante nella strategia brigatista, fino a surclassare la componente antifascista. L'apparentemente impossibile spiegazione dell'uccisione di Guido Rossa, operaio comunista, risiede in questo nodo che caratterizza fortemente le Brigate rosse genovesi.

Le due colonne esaminate sono per molti versi antitetiche. Quella genovese è una colonna marcatamente militarista, legata alle direttive del Comitato esecutivo e di Moretti e operante in un contesto in cui poco spazio è lasciato alla sinistra radicale, soprattutto in fabbrica, dove le organizzazioni tradizionali del movimento operaio mantengono in gran parte l'egemonia sui lavoratori pur in un momento di turbolenza: la classe operaia genovese non è certamente disposta a seguire le Brigate rosse nel loro progetto pur non mancando simpatie, apprezzamenti, consensi più o meno parziali. Viceversa, in Veneto una colonna diffusa che presenta molte caratteristiche difformi rispetto al modello brigatista teorico viene infiltrata e contaminata dall'Autonomia operaia, che sul territorio ha una relativamente forte incidenza, soprattutto in ambienti universitari e soprattutto a Padova. Ne deriva una colonna debole, soggetta alla repressione delle forze dell'ordine, commissariata dalla direzione nazionale, che invia clandestini forestieri col risultato di creare una doppia anima della colonna: una militarista legata al Comitato esecutivo e una spontaneista che propone un nuovo progetto che si impernia sull'inserimento nelle lotte del movimento di massa. La spaccatura tra queste due anime riproduce su scala locale la macrofrattura che a livello nazionale separerà le ortodosse Brigate rosse-Partito comunista combattente dalle dissidenti Brigate rosse-Partito della guerriglia all'inizio degli anni Ottanta, preludio alla dissoluzione dell'organizzazione.

3. *Le Brigate rosse venete e genovesi e il mito della Resistenza*

Un terreno su cui confrontare le differenti peculiarità delle due colonne e il loro rapporto con il contesto su uno sfondo omogeneo è il legame con la Resistenza, dal momento che quello alla lotta partigiana costituisce un riferimento importante per entrambe le colonne, ma declinato in modi differenti che riflettono sia le rispettive fisionomie, sia le caratteristiche della storia resistenziale nei due contesti territoriali. Attraverso questa lente è possibile osservare alcuni aspetti del contraddittorio e complesso sguardo con cui le Brigate rosse guardano alla storia e ai miti del movimento operaio e della sinistra istituzionale Il rapporto delle Br con la lotta partigiana è argomento controverso e complesso e non potrebbe essere diversamente, considerando le diverse anime dell'organizzazione e le differenze tra diversi contesti e momenti della sua parabola, ma è presente tra i riferimenti principali delle Brigate rosse delle origini, soprattutto nell'accezione della "Resistenza tradita". Del resto, il paradigma della Resistenza tradita era diffuso nell'ambito della sinistra italiana e radicato nella tesi della continuità dello Stato tra fascismo e Repubblica che matura già all'indomani della Liberazione di fronte all'insoddisfacente esito dell'epurazione;[26] a cavallo tra anni Sessanta e Settanta viene alimento dalla recrudescenza della violenza fascista e dalle trame golpiste che mettevano in discussione la democraticità delle istituzioni repubblicane.[27] L'elevazione della Resistenza a paradigma ideale di cui la successiva epoca repubblicana non si è mostrata all'altezza, disattendendone le pre-

26. Sulla pervasività della tesi della Resistenza tradita e i suoi riflessi sull'esplosione della violenza politica negli anni Settanta cfr. soprattutto Giovanni De Luna, *Interpretazioni della rivolta*, in *Gli anni ribelli*, a cura di Tano D'Amico, Roma, Editori Riuniti, 1998, pp. 5-15.
27. Proprio negli anni Settanta questa tesi si afferma anche nel panorama storiografico con la pubblicazione di studi quali il volume *Fascismo e società italiana*, a cura di Guido Quazza, Milano, Feltrinelli, 1973 e in particolare il contributo di Guido Neppi Modona, *La magistratura e il fascismo* (pp. 17-181) e il saggio di Claudio Pavone, *La continuità dello Stato. Istituzioni e uomini in Italia, 1945-1948*, Torino, Giappichelli, 1974. Per una tesi differente, che sottolinea gli elementi di discontinuità tra regime e Repubblica, individuandone il principale nella democrazia consensuale nata dall'accordo tra i maggiori partiti politici, cfr. Agostino Giovagnoli, *La Repubblica degli Italiani*, Roma-Bari, Laterza, 2019.

messe di attenuazione dell'ingiustizia sociale, di defascistizzazione e democratizzazione del paese e la conseguente delegittimazione del potere statale, è anche all'origine di quell'antifascismo militante che costituisce uno dei temi unificanti della sinistra. A Genova, nel luglio 1960 una sollevazione popolare si contrappone con successo all'ipotesi di un comizio dell'ex questore fascista repubblicano Carlo Emanuele Basile, organizzato provocatoriamente dal Msi, estendendosi poi ad altre città italiane e provocando, insieme a una violenta repressione delle forze dell'ordine, la caduta del governo Tambroni che aveva ottenuto la fiducia grazie all'appoggio del Movimento sociale. L'annuncio del comizio segue di qualche mese la scarcerazione di uno dei più feroci aguzzini che agirono a Genova agli ordini del comando tedesco, Giuseppe Nicoletti, sfuggito alla condanna a morte e poi amnistiato.[28] I fatti del luglio del '60, che segnano un punto di svolta nella storia dell'Italia repubblicana, aprendo la strada alla stagione del centrosinistra, sono anche emblematici di una situazione in cui l'antifascismo militante, talvolta anche armato e violento, si alimenta della mancanza di un serio ripensamento rispetto al recente passato fascista e di una rigorosa politica di attribuzione di responsabilità e di applicazione di pene commisurate per i crimini di quel regime.

Se il tema della Resistenza tradita è unificante, il rapporto tra i giovani extraparlamentari e la celebrazione dell'epopea resistenziale come religione civile alla base della Repubblica costituzionale è più conflittuale,[29] a causa della carica antidemocratica e potenzialmente eversiva che animava i gruppi; inoltre causava loro qualche imbarazzo e qualche irritazione condividere lo stesso pantheon con quei soggetti politici sempre più considerati come i principali nemici, ovvero le organizzazioni ufficiali del movimento operaio.

Venendo alle Brigate rosse, le prime righe di un documento scritto agli albori della loro storia, nel 1971, sono dedicate proprio ad affermare la continuità tra la Resistenza e il proprio progetto politico-militare, quasi come se questa continuità ne costituisse la pietra angolare:

---

28. Archivio di Stato di Genova, Fondo CAS, Reg. gen. 63, Sentenza n. 71 del 27 novembre 1947.

29. Si veda a questo proposito Philip Cooke, *L'eredità della Resistenza. Storia, cultura, politiche dal dopoguerra a oggi*, Viella, Roma, 2015, pp. 216 sgg.

Quando il 23 aprile del '43 i partigiani, i gappisti, i sappisti festeggiarono la vittoria dell'"insurrezione", la Liberazione, non sapevano ancora quale perfido destino li stava attendendo. Ciononostante, quasi per istinto, i comunisti rivoluzionari non consegnarono le armi. Le tennero a portata di mano ben sapendo che quelle erano il fondamento del loro potere e rimasero pazientemente in attesa di un grido di rivoluzione che il Partito Comunista si guardò bene dal dare.[30]

Il riferimento alla Resistenza resta, tuttavia, per le Brigate rosse, un riferimento ideale che non costituisce un modello dal punto di vista dell'impostazione strategica o tattica e che non si può definire, neppure soggettivamente, come un'eredità politica. Si veda a questo proposito la testimonianza del brigatista Alfredo Buonavita,[31] il quale nega la matrice neo-resistenziale nella strategia delle Br, ma afferma che la Resistenza e, in particolare, il mito della Resistenza tradita ebbero grande importanza nella formazione dei militanti dell'organizzazione, importanza confermata da molti brigatisti nelle proprie biografie:

e bene o male ci si sente legati poi ancora una volta – poi l'esperienza partigiana – ci si sente legati a livello ideale nel senso di una continuità con le loro esperienze. Infatti, l'elemento dell'antifascismo è una cosa molto forte qui per noi brigatisti di quel tempo lì, soprattutto in questa zona, poi non so, gli altri non tanto, forse per gli emiliani sì, i reggiani. I milanesi no.[32]

Alberto Franceschini intitola significativamente il capitolo della sua autobiografia in cui si parla della fondazione delle Br *Fischia il vento* e afferma che lui, Mara Cagol e Renato Curcio condividevano l'idea che si stabilisse fin dal nome dell'organizzazione l'indicazione di un legame con l'esperienza partigiana.[33] Esempi di questo tipo

30. Brigate rosse, «Un destino perfido», novembre 1971, in http://www.bibliotecamarxista.org/brigate%20rosse/1971/un%20destino%20perfido.htm.

31. Alfredo Buonavita è uno dei fondatori delle Brigate rosse ed è coinvolto nelle azioni principali del gruppo fino al sequestro del giudice Sossi. Viene arrestato nel novembre del 1974 e in carcere si dissocia dalla lotta armata.

32. AISP, Fondo Dote, Intervista di Luisa Passerini ad Alfredo Buonavita, 1985. Ma si veda anche Cooke, *L'eredità della Resistenza*, p. 213 e Diego Novelli, Nicola Tranfaglia, *Vite sospese. Le generazioni del terrorismo*, Milano, Dalai Editore, 2007.

33. Franceschini, *Mara, Renato e io*, pp. 23 sgg.

sono troppo numerosi per poterli citare tutti, ci si limiterà allora a soffermarsi su un momento in particolare della militanza brigatista che nel racconto dei protagonisti viene spesso accompagnata a riferimenti alla Resistenza e all'antifascismo; mi riferisco al momento della scelta delle armi, descritta non necessariamente come difensiva, ma comunque legittimata dai tratti antidemocratici, antiproletari ed eversivi dello Stato italiano e della sua classe dirigente e motivata dalla volontà di prendere posizione in quella che è stata definita una situazione di strisciante guerra civile. Per esempio, Susanna Ronconi parla del disconoscimento dello Stato, perché agente di una volenza illegittima e classista, sia nella repressione del movimento operaio, sia nella difesa di un padronato sfruttatore dei lavoratori: su questa situazione, secondo la brigatista, i terroristi fondavano la propria legittimazione a utilizzare la violenza.[34] In realtà, proprio qui il contrasto con l'esperienza resistenziale è massimo. Nell'Italia all'indomani dell'8 settembre chi scelse le armi compì una scelta che Claudio Pavone ha definito di libertà, proprio nella misura in cui era una scelta di disobbedienza a un potere illegale e illegittimo, non solo formalmente ma anche eticamente.[35] Questi concetti e queste parole risuonano nelle parole degli ex brigatisti, ma si tratta di un'eco del tutto deformata, poiché il contesto in cui essi si trovarono a imbracciare le armi non è in alcun modo paragonabile alla situazione di caos, di incertezza istituzionale, di "morte della patria" in cui era precipitato il paese nell'estate del 1943. Non essendovi di fatto, al di là delle suggestioni soggettive, nessuna guerra civile in corso, dov'è la «disperata necessità» di cui parla Vittorio Foà[36] e che si pone alla base della scelta di tanti partigiani italiani ed europei? Va infine rimarcato che questa presunta continuità è sostenuta esclusivamente da alcune componenti delle Br, mentre da parte delle organizzazioni di ex partigiani vi è ferma condanna e inequivocabile presa di distanza da questo fenomeno.[37]

---

34. *Do you remember revolution?*
35. Pavone, *Una guerra civile*, p. 25.
36. Vittorio Foa, *Per una storia del movimento operaio*, Torino, Einaudi, 1980, p. 21.
37. Su questo tema e in particolare sulla presa di posizione dell'Anpi si veda Cooke, *L'eredità della Resistenza*, p. 210.

A Genova, una città in cui, «la lotta armata della resistenza aveva scavato una cultura profonda e capillare»,[38] già la 22 ottobre si propone in qualche modo in continuità con l'esperienza resistenziale, sia per via della sua connessione con i Gap di Feltrinelli, formazione che già dalla sigla rievoca il movimento di Liberazione,[39] sia per la presenza tra i suoi membri di due ex partigiani. Dieci anni più tardi, una piccola formazione che poi andrà a confluire nelle Br, si intitolerà a Giacomo Buranello, uno dei più noti partigiani genovesi, primo comandante dei Gap in città, fucilato nel 1944. Nessuna delle poche azioni della Buranello è inquadrabile nella logica dell'antifascismo militante, che ormai, nel 1979, costituisce una prospettiva superata, ma il richiamo – ideale e soggettivo – a quella realtà è ancora sentito da questi giovani militanti. Emblematico è un passaggio nel testo del volantino scritto in occasione dei fatti di via Fracchia, quando un blitz dei carabinieri del nucleo speciale del generale Dalla Chiesa portò alla scoperta della principale base delle Br genovesi. Nel corso dell'operazione tutti e quattro i brigatisti presenti nella casa vennero uccisi dai carabinieri, tra loro anche il capo colonna Riccardo Dura, la cui identità era sconosciuta agli inquirenti e all'opinione pubblica. Nel volantino delle Brigate rosse l'uccisione dei quattro brigatisti viene paragonata alla fucilazione del celebre partigiano cui è intitolata la formazione: si tratta evidentemente di un parallelo poco giustificato, che tradisce il desiderio di legittimare il proprio operato attraverso il rimando a una tradizione fortemente sentita nel territorio. Racconta Marina Nobile, brigatista irregolare, figlia di un partigiano comunista genovese:

ci ho passato l'infanzia coi partigiani, e anche dopo. Sono state figure molto presenti. Sentivamo i racconti, ma soprattutto erano persone concrete, che era naturale che ci fossero. Più che essere figure emblematiche erano lì, c'erano sempre stati; non c'era niente di strano che esistessero, così come non c'era niente di strano che esistessero i fascisti, era normale.[40]

38. Lettera di Andrea Marcenaro in «Lotta continua», 7 aprile 1980, p. 20.
39. L'omonimia con i gruppi partigiani si limita alla sola sigla, poiché sciogliendo gli acronimi i nomi sono diversi: Gruppi di azione patriottica quelli partigiani, Gruppi di azione partigiana quelli di Feltrinelli.
40. Intervista a Marina Nobile, rilasciata all'a. il 5 agosto 2003.

Se per Sandro Rosignoli, brigatista genovese, il legame non è altrettanto immediato, tuttavia quello della Resistenza resta un riferimento importante, a proposito del quale propone il tema della legittimazione della lotta armata da parte partigiana, una legittimazione che pare più anelata che reale; in ogni caso è assai significativa l'importanza che i brigatisti attribuiscono a questo presunto avallo ideale che li porrebbe dalla parte della storia in cui ambiscono stare:

> Noi coi partigiani avevamo un rapporto [...]. Loro non erano assolutamente d'accordo con le Brigate rosse; ma noi gli facevamo domande trabocchetto del tipo: "Ma se domani arriva da te Renato Curcio ricercato cosa fai?". "E cosa devo fare? Gli do un piatto di minestra e da dormire." Era una realtà romantica, capito? E queste cose contano. Perché sono anche le motivazioni personali che fanno muovere la storia. Queste cose ti facevano sentire legittimato, o per meglio dire, appartenente alla loro storia, alla storia del Paese.[41]

Questa «realtà romantica», reale o immaginata, nel territorio in esame, trova una perfetta incarnazione nella figura dell'ex vicecomandante della Divisione garibaldina Pinan Cichero, medaglia d'argento al valore militare, Giambattista Lazagna. Di famiglia antifascista, esponente di spicco, come il padre, della Resistenza ligure, avvocato impegnato nel Soccorso Rosso, uomo del Pci vicino a Secchia e intimo dell'editore Giangiacomo Feltrinelli, il vicecomandante "Carlo" è un personaggio molto noto e stimato nel mondo della sinistra radicale. Le sue estese relazioni in questo ambito, il carisma personale e il prestigio della sua storia che attraggono anche esponenti delle nascenti formazioni armate, l'amicizia con Feltrinelli, le sue radicali posizioni politiche concorrono a spingere gli inquirenti a indagare sul suo conto: verrà incriminato per due volte in appena quattro anni e condannato a trascorrere anni in carcere prima di essere scagionato da ogni imputazione. Il caso dell'avvocato Lazagna è significativo perché parla del radicamento nel territorio genovese del mito della Resistenza, un mito che si nutriva non solo di memoria, ma del contributo vivo di persone in carne e ossa, della tensione dei terroristi verso una storia di cui si pretende di raccogliere l'eredità. La colonna genovese, caratterizzata da un militarismo esasperato, che porta alle

---

41. Intervista a Sandro Rosignoli, rilasciata all'a. il 9 agosto 2003.

estreme conseguenze quella fede nell'eloquenza del gesto che abbiamo visto essere caratteristica delle Br, forse non casualmente coltiva il mito della tradizione resistenziale di una città in cui operava una formazione gappista come la Brigata Balilla, nota per la sua aggressività, imprendibilità e spietatezza. Il gappista Luciano, uno dei tre testimoni protagonisti del libro di Manlio Caligari, *La sega di Hitler*, così racconta sé stesso e i suoi compagni della Balilla:

> La nostra esigenza non era di fare dei discorsi. Ci sembravano perdite di tempo rispetto alla sostanza che era cercare il nemico e batterlo. Eravamo prevenuti nei confronti di quelli che avevano studiato. Avevamo paura che ci mettessero nel sacco che ci fregassero. Ci sentivamo operai che volevano emanciparsi da quelli che avevano la cultura, il potere. Era una visione ristretta che ci segnava in un modo che oggi giudicherei pericoloso. Battista [il comandante della Balilla] avvalorava questa nostra convinzione; la rappresentava al massimo.[42]

E ancora ricorda che non facevano riunioni, non parlavano, ma si muovevano e agivano. Proprio per la loro spietatezza, efficienza e fattività erano secondo lui stimati dalla gente del posto. «Luoghi come l'osteria della Gusta erano pronti ad accoglierli proprio perché erano il contrario di imbelli, non solo voci, ma armi».[43] Quella della Balilla è una violenza agita in città, dura, rabbiosa, condotta da giovani proletari provenienti dalle periferie operaie. Da tale punto di vista, questi gappisti non sono molto diversi – *mutatis muntadis*, ovviamente, a partire da condizioni storiche del tutto incomparabili – da molti brigatisti della colonna genovese o, ancor più, dai militanti della 22 ottobre.

Viceversa, è difficile immaginare qualcosa di più lontano da questa brigata partigiana della «banda dei perché» composta da Luigi Meneghello e dai suoi compagni, studenti universitari «garbati, quasi soavi», ma carenti di abilità militari, più abituati alla parola e al pensiero che all'azione. A guidarli è Capitan Toni, già professore di filosofia a Padova, maestro in senso culturale e ideale, prima che capo militare.[44] Certo l'esperienza dei piccoli maestri non esaurisce quella

42. Citato in Manlio Calegari, *La sega di Hitler*, Milano, Selene Edizioni, 2004, p. 51.

43. Ivi, p. 54.

44. Luigi Meneghello, *I piccoli maestri* (1964), Milano, Rizzoli, 2013.

della Resistenza in Veneto, ma la descrizione di un gruppo studenti, professori e intellettuali è rappresentativa di un aspetto importante della Resistenza veneta che aveva proprio nell'ateneo patavino il suo principale centro propulsore. In questa università, infatti, viene posta nel 1943 la sede del centro coordinamento del Cln regionale e sempre in quest'ambito Otello Pighin darà vita alla brigata cittadina di Giustizia e Libertà intitolata a Silvio Trentin. Luigi Meneghello è uno dei moltissimi studenti che si unirono alle file partigiane; di questi, 107 perderanno la vita e saranno ricordati nella lapide commemorativa oggi presente nella sede dell'università. Insieme agli studenti, anche alcuni docenti presero parte al movimento antifascista e resistenziale, tra loro noti intellettuali come Norberto Bobbio, Ezio Franceschini, Enrico Opocher, che sarà poi rettore a Padova negli anni della contestazione, lo stesso Meneghello e il rettore Concetto Marchesi. Le parole che quest'ultimo pronuncia nel discorso di inaugurazione dell'anno accademico davanti alle autorità tedesche e italiane il 9 settembre del 1943 non cadono nel vuoto:

> Studenti: mi allontano da voi con la speranza di ritornare a voi maestro e compagno, dopo la fraternità di una lotta assieme combattuta. Per la fede che vi illumina, per lo sdegno che vi accende, non lasciate che l'oppressore disponga della vostra vita, fate risorgere i vostri battaglioni, liberate l'Italia dalla schiavitù e dall'ignominia, aggiungete al labaro della vostra Università la gloria di una nuova più grande decorazione in questa battaglia suprema per la giustizia e per la pace nel mondo.[45]

Unico tra le sedi universitarie italiane, l'Ateneo di Padova verrà insignito della Medaglia d'oro al valore militare.[46]

Le Brigate rosse in Veneto non sono certamente influenzate da questa componente intellettuale della Resistenza, né, in generale, dalla storia del locale movimento di liberazione: l'unico riferimento

45. Cfr. l'articolo *Contro ogni tirannide lanciamo l'appello della fraternità*, in «Il popolo», 31 dicembre 1943, reperibile nel database di Stampa clandestina: http://www.stampaclandestina.it/wp-content/uploads/numeri/IL_POPOLO_Toscana_1943_a_1_n_5.pdf.
   46. Sull'Ateneo di Padova e la Resistenza, cfr. Marco Borghi, *Fascismo, antifascismo, resistenza*, in *Storia del Veneto*, vol. II, pp. 156-172 e Giulia Simone, *Fascismo in cattedra. La Facoltà di Scienze politiche di Padova dalle origini alla Liberazione (1924-1945)*, Padova, Padova University Press, 2015.

a questa tradizione è l'intitolazione di una brigata proto-brigatista a Erminio Ferretto, partigiano comunista, commissario politico di un battaglione garibaldino attivo tra Treviso e Venezia durante la fase della pianurizzazione, al quale, dopo la sua uccisione da parte delle Brigate nere, venne intitolata una brigata garibaldina di Mestre. Tuttavia, allargando lo sguardo al più generale panorama dell'antagonismo anche armato veneto degli anni Settanta, troviamo nuovamente l'Ateneo di Padova protagonista come centro direzionale informale di gran parte delle lotte ascrivibili ad Autonomia operaia.

Se è forse eccessivo affermare che le articolazioni dell'organizzazione brigatista si siano consapevolmente confrontate con la storia della Resistenza nel loro territorio, è però possibile notare come da questa storia siano in qualche modo, più o meno consciamente, influenzate; anche sotto questo aspetto, il contesto gioca un ruolo nel determinare la fisionomia delle colonne attraverso un processo quasi osmotico di condizionamento culturale e attraverso l'oggettività dei differenti presupposti socio-economici: da una parte una grande città industriale caratterizzata dalla massiccia presenza di classe operaia comunista e dall'altra una piccola città sede di una prestigiosa università, che è anche un importante centro di elaborazione culturale e politica.

4. *Due colonne allo specchio*

Le colonne brigatiste veneta e genovese presentano caratteristiche per molti versi opposte: le Br genovesi sono chiuse al mondo circostante, isolate, contraddistinte da una buona preparazione militare e da una scarsissima capacità di elaborazione politica; quelle venete, al contrario, intrattengono rapporti conflittuali ma costanti con alcuni settori della sinistra rivoluzionaria, si confrontano con altre organizzazioni, il loro livello di militarizzazione e di efficienza, almeno fino al 1980, è molto basso. Le ragioni di tale diversità non vanno ricercate nelle intenzioni e nelle azioni dei dirigenti o dei brigatisti; le due colonne nascono nello stesso anno e il progetto politico-militare che le genera è lo stesso, così come è affine il principale ambito di intervento, costituito per entrambe dalla fabbrica. Sono principalmente i differenti contesti politici, economici, sociali e culturali a determinare due storie e due fisionomie così diverse: in una regione frammentata sotto molti punti di vista come il Veneto e dominata, al di fuori dei canali istituzionali controllati dalla Dc, dagli opposti estremismi del neofascismo e dell'Autonomia operaia, si muove a fatica una colonna dall'incerta identità che flirta con gli autonomi, dando vita a esperimenti ibridi fallimentari e a contaminazioni che ne minano l'efficienza militare, e dimostrando invece una certa vitalità dal punto di vista teorico con l'organizzazione delle riunioni del Fronte fabbriche e l'elaborazione nell'ultimo anno di vita dell'organizzazione di una nuova strategia. Viceversa, nella terza città industriale d'Italia, contraddistinta da una classe operaia in gran parte inquadrata nelle organizzazioni ufficiali del movimento operaio, Pci e Cgil, si impianta una colonna militarista, fedele all'impostazione teorica delle Brigate rosse, isolata rispetto a un movimento antagonista minoritario, efficiente sul piano militare e molto povera su quello politico. Così, se la colonna genovese incarna perfettamente il modello brigatista, realizzando un alto numero di azioni e raggiungendo una notevole capacità organizzativa e militare, ma restando un polo assolutamente marginale dal punto di vista dell'elaborazione teorica, la situazione veneta si presenta assai diversa, fatto che non stupisce in un territorio in cui l'area antagonista gravitava intorno a un centro culturale del calibro dell'Università di Padova e dove lo stato maggiore dell'Autonomia operaia era in gran parte costituito da accademici. Se è eccessivo immaginare che gli intellettuali afferenti al gruppo costituissero il supporto politico di tutti i gruppi armati di sinistra in Italia, come suggeriscono le interpretazioni più estensive del ruolo dei teorici del cosiddetto "partito armato", è però indubbiamente vero che le riflessioni e i programmi politici enunciati da Autonomia costituivano un importante punto di riferimento per la sinistra armata e, in questo senso, il laboratorio veneto costituisce uno dei centri più vitali.

È interessante a questo proposito mettere a confronto due figure che hanno vissuto da protagoniste la stagione della violenza politica, una a Padova, l'altra a Genova: Antonio Negri ed Enrico Fenzi, quest'ultimo, per una curiosa coincidenza, di origini venete. Non manca il materiale documentario su cui basarsi per ricostruirne i ritratti: entrambi sono autori di un'autobiografia e hanno rilasciato diverse interviste, Negri ha scritto molti interventi teorici durante la sua militanza e Fenzi è autore di un lungo memoriale dal carcere.[47] Le loro figure si prestano a un confronto per le caratteristiche che le accomunano e al tempo stesso le qualificano come eccezionali rispetto al panorama in cui si muovono: nati a pochi anni di distanza (Fenzi nel 1939 e Negri nel 1933), ambedue vengono travolti dall'ondata contestataria quando hanno superato i trent'anni, fatto abbastanza inusuale, condividono lo stesso *status* di intellettuali e la stessa professione, quella di docenti universitari, caratteristiche non comuni tra i militanti di Autonomia, addirittura rarissime tra quelli delle Brigate rosse.

Entrambi animati da propositi rivoluzionari ed eversivi, mentre svolgono una professione che consente loro di parlare a platee di giovani, paiono incarnare perfettamente il prototipo largamente utilizzato dalla stampa italiana del "cattivo maestro", ma proprio su questo punto cominciano a evidenziarsi le differenze tra la figura di Toni Negri e quella di Enrico Fenzi. Anche il professore genovese aveva intorno a sé un ambiente ricettivo agli argomenti rivoluzionari e faceva parte di un gruppo di persone costituito da professori, ricercatori, studenti, operai che condividevano idee e progetti politici, sebbene non si possa dire che fosse una figura carismatica come quella di Toni Negri; ma il punto fondamentale è un altro e riguarda i ruoli: mentre Negri, rispetto a Potere operaio prima e ad Autonomia poi, ricopre quelli di dirigente e di ideologo di primo piano, Enrico Fenzi, durante la sua militanza genovese nelle Brigate rosse, non è altro che un militante irregolare il cui coinvolgimento nell'organizzazione non è però marginale, in quanto è inserito nell'attività militare e criminale del gruppo al punto da partecipare a un'azione di ferimento come componente del gruppo di fuoco, quindi armato,

---

47. Le autobiografie sono: Fenzi, *Armi e bagagli* e Toni Negri, *Storia di un comunista*, Firenze, Ponte alle Grazie, 2015; per quanto riguarda le interviste ricordiamo almeno quelle rilasciate da entrambi a Sergio Zavoli (disponibili anche in volume: Sergio Zavoli, *La notte della repubblica*, Roma, Nuova Eri, 1992, pp. 213-226 e 258-267); il memoriale di Fenzi è conservato presso l'Archivio dell'Istituto Parri. È impossibile dare conto di tutti gli scritti di Negri del periodo in esame, ricordiamo almeno Toni Negri, *Proletari e stato. Per una discussione su Autonomia operaia e compromesso storico*, Milano, Feltrinelli, 1977 e Id., *Il dominio e il sabotaggio: sul metodo marxista della trasformazione sociale*, Milano, Feltrinelli, 1979, ora entrambi in Id., *I libri del rogo*, Roma, DeriveApprodi, 2006.

e con funzione di copertura dello sparatore. La circostanza appare bizzarra trattandosi di una persona con una statura intellettuale nettamente superiore rispetto agli altri suoi sodali, eppure al professore genovese non vengono affidati compiti di elaborazione concettuale o la redazione di documenti teorici, né lui si propone o viene riconosciuto come un ideologo. Sarà poi durante la detenzione, a contatto con il nucleo storico dell'organizzazione all'interno del carcere che rivestirà questo ruolo, ma fino a quando milita nella colonna genovese è un irregolare come tanti, privo di incarichi dirigenziali, un "soldato semplice": il suo *status* di intellettuale non pare quindi essere considerato una risorsa dalla colonna genovese. Lo stesso Fenzi si sofferma sul suo ruolo nelle Br, raccontando di non aver ambito ad altro che a «mettersi al servizio» dell'organizzazione, pago di far parte di quella che lui riteneva essere la parte giusta nel corso della Storia;[48] la sua volontà di annullamento nel collettivo trova accoglimento in un'organizzazione che non chiede altro che bravi soldati, capaci di obbedienza, sacrificio e spietatezza e per la quale le doti intellettuali di un letterato non sono disprezzabili, ma inutili. Davide Serafino ricorda che per gran parte dell'opinione pubblica Fenzi è sempre stato ed è tuttora considerato un ideologo e un capo delle Brigate rosse, in quanto sembra ovvio immaginarlo in questo ruolo ma, nota acutamente Serafino, questa percezione nasce da un'errata comprensione del funzionamento dell'organizzazione: «in essa gli aspetti politici e militari erano strettamente connessi e intrecciati, non esisteva una separazione netta tra la testa pensante e il braccio armato e ai suoi vertici non si arrivava sulla base si maggiori o minori capacità intellettuali. Questo aspetto da subito divise le Br da organizzazioni come Potere operaio e Lotta continua».[49]

Si accolgono queste considerazioni, sottolineando però, ancora una volta, le differenziazioni interne che il confronto tra le diverse colonne consente di operare: se la situazione descritta da Serafino è in linea di massima applicabile alle Br nel loro complesso, vale maggiormente per il contesto genovese che non per quello veneto, dove la sensibilità per l'aspetto politico è più sviluppata. Ne è chiaro esempio la figura di Gianni Francescutti: un insegnante laureato che

48. AISP, Fondo Dote, Intervista di Giuseppe De Luttis a Enrico Fenzi, s.d.
49. Serafino, *La lotta armata a Genova*, pp. 94-95.

in quanto tale viene utilizzato come politico e non come militare; il suo interesse in quest'ultimo settore era talmente modesto che, quando gli occorre di partecipare ad azioni militari come il sequestro di Taliercio, rivela un'incapacità impensabile per altri dirigenti brigatisti. Di contro, la sua maturità politica, soprattutto legata allo studio del mondo operaio, avvicina molti simpatizzanti alla colonna che, di conseguenza, lo impiega in questo modo "specializzato".[50] Il fatto poi che Fenzi, a Palmi, venga accolto dai dirigenti del nucleo storico e che con loro attenda all'elaborazione di documenti teorici e si intrattenga in discussioni politiche e strategiche sta a dimostrare che il ruolo defilato assunto a Genova non è attribuibile alla sua personalità, quanto a circostanze particolari: il trovarsi di fronte una struttura quasi esclusivamente impegnata in attività militari, le figure dei suoi reclutatori Luca Nicolotti e Rocco Micaletto, due operai torinesi già brigatisti di lungo corso, l'essere immerso in una realtà polarizzata come quella genovese che poteva alimentare l'illusione di un imminente precipitare della lotta di classe sono fattori che possono aver suscitato quell'impressione di ineludibilità del corso della Storia e quella volontà di abbandono ad esso che egli ha poi descritto nel suo *mémoire*.

Toni Negri, al contrario, è fondatore, dirigente di primo piano e ideologo prima di Potere operaio, poi di Autonomia operaia e anche qualcosa di più: per quanto riguarda il Veneto, è il leader carismatico dell'area autonoma intorno cui gravitano gruppi, persone, esperienze politiche e piani e atti eversivi e violenti. Sul piano nazionale, e non solo nazionale, l'influenza di Negri, in questo caso soprattutto come teorico, è considerevole e si esercita attraverso la diffusione di pamphlet, articoli, saggi che instancabilmente produce. Inoltre la sua biografia, le sue caratteristiche di temperamento, di *status* sociale, persino il suo *physique du rôle* ne fanno la figura ideale da proporre all'opinione pubblica come protagonista: dall'area radicale nei termini dell'intellettuale comunista perseguitato per le sue idee di giustizia, da quella della maggior parte dei media e in particolare nella narrazione del Pci, in quelli dell'intellettuale borghese che utilizza carisma e potere per

50. TPVe, Sentenza della Corte d'Assise contro Alunni e altri, 20 luglio 1985, pp. 772 sgg.

conquistare giovani inesperti alla propria causa, istigandoli cinica-
mente a intraprendere un gioco più grande di loro. Se si sfogliano
i giornali dell'epoca colpisce la quantità di articoli e di fotografie
che riguardano questa figura e l'attenzione a ogni aspetto della sua
storia, della sua vita familiare e privata; quasi un'ossessione per
un personaggio che sembra catalizzare un interesse che mescola
massima riprovazione e grande curiosità e che diviene, per certi
versi, un mito connotato in modo ambivalente. In effetti Negri, accademico borghese di formazione cattolica, postosi alla guida di
quello che Lanaro ha definito «l'anarco-edonismo della protesta
giovanile»,[51] incarna perfettamente il modello del cattivo maestro
sul quale è in un certo senso rassicurante far convergere le più larghe responsabilità in modo da poter attenuare quelle di estese porzioni di cittadinanza: i giovani, gli studenti, la classe operaia. Al di
là della costruzione mediatica del personaggio, Negri riveste senza
dubbio un ruolo importante sia nella storia dell'antagonismo veneto e padovano, sia nel panorama nazionale della lotta armata. Del
resto, egli stesso ha dichiarato che la propria elaborazione teorica
non era priva di effetti pratici: «La declamazione teorica può essere
legittimazione, su questo do ragione ai miei giudici. Quando siamo
su questo terreno siamo veramente sulle sabbie mobili e sarei falso
con me stesso se dicessi: vedete, io ho parlato solamente, non c'erano conseguenze pratiche a cose di questo genere».[52] La sua figura
è forse più vicina a quella di un altro accademico genovese, Gianfranco Faina,[53] animatore del mondo politico e culturale che si rag-
gruppava intorno alla Facoltà di Lettere e interprete cittadino prima
della cultura operaista, poi di vari gruppi della sinistra radicale. È
a Faina che si deve l'unica fugace apparizione dell'operaismo a
Genova: nei primi anni Sessanta, infatti, si avvicina all'operaismo

---

51. Lanaro, *Storia dell'Italia repubblicana*, p. 424.
52. Intervista di Sergio Zavoli a Toni Negri in Zavoli, *La notte della Repubblica*, p. 265.
53. Sulla figura e l'attività di Gianfranco Faina cfr. Fenzi, *Armi e bagagli*;
Erika Ravot Licheri, *Biografia di Gianfranco Faina*, tesi di laurea, Università
degli studi di Genova, Facoltà di Lettere e Filosofia, Corso di laurea in Lettere,
a.a. 2000-2001; Rinaldo Manstretta, Pier Paolo Poggio, *Gianfranco Faina (1935-
1981). Elementi di una biografia politico-intellettuale*, in «Primo maggio», 19-20
(1983-1984), p. 68.

di Panzieri fondando nel 1961 «Democrazia diretta», un notiziario delle lotte operaie a Genova, nel 1963 svolge con alcuni collaboratori un'inchiesta operaia all'Italsider di Cornigliano e fonda la rivista «Classe operaia», omonima di quella di Asor Rosa, Cacciari e Tronti a cui collaborerà brevemente nel 1965. Nel 1966 fonda un gruppo intitolato a Rosa Luxemburg e nel 1968 uno dei primi gruppi della sinistra radicale, la Lega degli operai e degli studenti, che si prefigge lo scopo di unificare le lotte di studenti e lavoratori, le cui prospettive, nella comune dimensione della gioventù, sono viste come felicemente complementari

> se gli operai possono portare oggi agli studenti una visione demistificata della scienza e della tecnica, della divisione sociale del lavoro nella produzione capitalista e dare un contenuto classista alla lotta antiburocratica nella scuola; gli studenti, da parte loro, possono aiutare gli operai a generalizzare le loro esperienze e portare proprie esperienze di democrazia diretta e di autorganizzazione.[54]

La Lega si pone in ideale continuità con le lotte del maggio francese e fa proprie le battaglie operaie in corso nelle fabbriche cittadine.[55] Nel 1969 dà vita al gruppo Ludd che ha aspirazioni nazionali e redige un omonimo bollettino di coordinamento tra le sedi di Genova, Torino, Roma e Milano. L'aspetto più interessante di questa nuova formazione è l'attenzione alla dimensione della rivolta esistenziale e il linguaggio ironico e situazionista di cui si serve per ridicolizzare i propri obiettivi polemici, due caratteristiche che costituiscono sicuramente l'eredità del Movimento studentesco, ma già trasformata in qualcosa che sarà tipico del movimento del '77. L'effimera esperienza di Ludd è quindi anticipatrice e totalmente estranea allo spirito e al clima genovese; così come lo è l'interesse di Faina per i marginali, la devianza criminale, il sottoproletariato e le potenzialità rivoluzionarie di queste aree che lo porteranno a seguire con grande interesse la vicenda giudiziaria della 22 ottobre. Infine, dopo aver nuovamente animato il movimento studentesco genovese nel biennio 1972-1973, si avvicina alla lotta armata, prima

54. Documento costitutivo della Lega degli operai e degli studenti citato in Manstretta, Poggio, *Gianfranco Faina*, p. 68.
55. Cfr. i volantini e gli opuscoli prodotti dalla Lega e conservati in Archivio Fondazione Feltrinelli, Fondo Nuova Sinistra, b. 14.6, fasc. 11.

con una brevissima militanza nelle Br e in seguito con la fondazione
nel 1976 di un suo effimero gruppo chiamato Azione rivoluzionaria,
che costituisce l'ultimo atto della vita del professore genovese prima dell'arresto e della morte pochi anni dopo. Per Faina le Brigate
rosse sono un breve interludio e se ne distacca presto, non riuscen-
do a conciliare il proprio modo anarchicheggiante di intendere la
militanza con la rigida e dogmatica attività militaresca del gruppo.
Benché abbia goduto di una certa notorietà, i progetti politici di Faina restano esperienze assolutamente minoritarie a Genova, mentre
l'attività di Negri avrà un ruolo centrale nel laboratorio veneto, assai
più ricettivo.

L'analisi di queste figure di intellettuali veneti e genovesi fa
emergere come, nel contesto in cui sono immerse e con l'area politica contigua, il confronto tra le due colonne prese in esame sia particolarmente significativo perché mostra due modelli agli antipodi.
L'accostamento, infatti, è rivelatore della differenza tra il contesto
genovese e quello veneto, ma anche di quella tra le Brigate rosse e
l'Autonomia operaia: mentre per le prime la preminenza è da accor-
dare alla dimensione militare nel quadro di uno stretto intreccio tra
le due,[56] per la seconda l'elaborazione politica e ideologica riveste
un'importanza fondamentale e impegna notevolmente i non pochi
intellettuali che gravitano nella sua orbita. Come abbiamo visto,
questo intreccio molto stretto tra direzione politica e azione militare è qualcosa che caratterizza marcatamente le Br, differenziandole
dagli altri gruppi al punto da spiazzare anche un magistrato esperto
come Pietro Calogero, che ebbe a dubitare del ruolo di Curcio quale capo supremo delle Brigate rosse, proprio per il suo coinvolgimento diretto nell'azione: «È sempre stato presentato come uno dei
capi storici delle Brigate rosse. Non credo che sia vero. È contrario
alla realtà [...] emerge sempre la figura di un Curcio esecutore e
per questo è raggiunto dall'azione penale, grazie alle prove tipiche
che vanno addebitate agli esecutori. Curcio era al massimo un co-

---

56. Patrizio Peci ebbe a dire che «la distinzione tra chi pensa e chi opera è,
nell'organizzazione, un modulo da evitare»; cfr. il verbale di interrogatorio del
1° aprile 1980, presso la caserma dei Carabinieri di Cambiano, davanti ai GI del
Tribunale di Torino Giancarlo Caselli e Mario Griffey, con l'intervento del PM
dott. Alberto Berardi, citato in TPVe, Sentenza della Corte d'Assise contro Alunni
e altri, 20 luglio 1985, p. 392.

mandante militare».[57] Ma proprio qui sta lo specifico delle Br che le differenzia dalle altre organizzazioni terroristiche o eversive: per le Brigate rosse il comandante militare e la direzione politica coincidono necessariamente.

La citazione di seguito riportata di un brano scritto dal brigatista Vincenzo Guagliardo, che fu membro sia della colonna genovese che di quella veneta, chiarisce che la concezione di capo nelle Br si incarna perfettamente nella figura di Curcio, fornendo, inoltre, una sintesi delle ragioni della scelta della stretta interdipendenza tra la dimensione politica e quella militare compiuta dalle Br, scelta che avviene principalmente, secondo il brigatista, sul piano morale, riecheggiando tra l'altro un concetto pressoché identico a quello enunciato da Rapoport a proposito della moralità del terrorista:

> C'era prima di tutto una forte dimensione morale dietro alla unificazione di quelle due parole, "politico-militare". Diciamo che, come in un ritorno alle antiche tradizioni cavalleresche, anche tra i guerriglieri come per gli antichi guerrieri il capo non era più colui che stava al sicuro, ma colui che stava in prima fila nel rischio. […] L'intellettuale che veniva a combattere si proletarizzava di fatto, non avrebbe più potuto tornare indietro facendo rientrare dalla finestra quello che cacciava dalla porta: la divisione sociale del lavoro. Inoltre, anche un proletario avrebbe potuto ora avere un ruolo di rilievo nella fila dell'organizzazione perché quel che contava anzitutto era la saggezza personale e la dedizione alla causa, non certo il dominio della parlantina.[58]

Si torna così al nodo del rapporto tra teoria e pratica che porta con sé quello delle forme della violenza. Toni Negri spese a questo proposito parole molto nette:

> Pensare alla militarizzazione del movimento di massa nei termini di von Clausewitz è degno di fascisti. […] Rapportare il problema della militarizzazione – della forma più alta della lotta operaia – alla capacità di conquistare la metropoli: questa è non solo un'indicazione strategica ma il terreno sul quale di volta in volta si verifica e viene costruendosi la proposta insurrezionale. Non ci interessa la forma in

57. Intervista a Pietro Calogero comparsa sul «Corriere della sera», 6 luglio 1979 e citata in Giovanni Palombarini, *Il processo 7 aprile*, Padova, Il Poligrafo, 2014, p. 23.
58. Guagliardo, *Di sconfitta in sconfitta*, pp. 25-26.

cui viene giustiziato Calabresi, ci interessa sapere e costruire la forza di ripetere la Torino del 3 luglio '69 con gli operai in armi. Non ci interessano i tralicci, ci interessano gli infiniti problemi tattici e strategici, politici e tecnici che impone un'azione militare su un terreno metropolitano. Non ci interessa la sconfitta nella fabbrica occupata, ci interessa il modo in cui dalle fabbriche immediatamente una classe operaia che sa dirigersi esce sul territorio metropolitano per conquistarlo. Non ci interessano i cecchini che difendono quartieri accerchiati, ci interessano i quadri politici che guidano la classe operaia alla riappropriazione rivoluzionaria della metropoli [...]. Il problema della militarizzazione è completamente subordinato allo sviluppo della lotta di massa che non può che essere diretto anche nei suoi aspetti tecnici dall'attuale forma di partito (gli organismi di massa a direzione operaia).[59]

Gli esempi proposti si riferiscono a Lotta continua e ai Gap di Feltrinelli, ma indubbiamente le stesse critiche sono estendibili alle Br, anzi soprattutto a loro; qui non importa tanto stabilire quali forme assume poi concretamente la lotta di Potere operaio e delle organizzazioni da questo gruppo germinate, quanto notare una differenza di impostazione tra le Brigate rosse, che subordinano ogni altro momento a quello dell'azione militare portata avanti dalle avanguardie clandestine, e l'Autonomia come era stata concepita da Negri, che immaginava azioni violente di massa coordinate e ispirate da una sorta di partito, che definiva anche l'elaborazione teorica; il fatto che il primo gruppo fosse caratterizzato da una forte presenza di operai e il secondo fosse guidato e ideato da un direttivo di intellettuali non è forse senza importanza nella determinazione di questa differenza di fondo.

---

59. Intervento di Toni Negri al Convegno di Potere operaio di Rosolina, citato nella requisitoria del PM Pietro Calogero nel procedimento penale contro Alisa Del Re e altri, in Commissione parlamentare di inchiesta sulla strage di via Fani sul sequestro e l'assassinio dell'on. Aldo Moro e sul terrorismo in Italia, vol. 80, doc. XXIII, n. 5, documenti allegati, p. 250.

Conclusioni

La particolare connotazione dell'ondata contestataria del lungo Sessantotto italiano – caratterizzata dall'accesa conflittualità sociale e dal prevalere delle prospettive di lotta di classe e antifascismo militante – e il clima di violenza diffusa, alimentato dalle strategie golpiste e stragiste e dalla durezza della repressione poliziesca delle manifestazioni di piazza, germinarono in un contesto di delegittimazione dello Stato, determinato da ragioni di medio e di lungo periodo: la persistenza del mito rivoluzionario e le suggestioni sovversive nella tradizione politica italiana, l'incompiutezza di una democrazia bloccata dalle logiche della guerra fredda e dagli interessi di una classe dirigente arroccata nella difesa dei propri privilegi, il senso di estraneità rispetto alla comunità nazionale di soggetti politici che, a destra come a sinistra, non riconoscono alle istituzioni il proprio ruolo e non accettano le regole della democrazia parlamentare, l'esclusione da una piena cittadinanza di ampi settori della popolazione.[1] In questo quadro, l'obiettivo della conquista di spazi di contropotere nella prospettiva dell'abbattimento dello Stato borghese e capitalista emerge insistentemente nella propaganda, nella produzione teorica

1. Su questi temi cfr. Baldissara, *I lunghi anni Settanta*; *L'Italia degli anni Settanta*; Colarizi, *Un paese in movimento*; *Legittimazione e delegittimazione nella storia dell'Italia contemporanea*, a cura di Loreto Di Nucci e Ernesto Galli della Loggia, Bologna, il Mulino, 2003; Salvatore Lupo, *Partito e antipartito. Una storia della prima Repubblica (1946-1978)*, Roma, Donzelli, 2004; Paolo Pezzino, *Senza stato. Le radici storiche della crisi italiana*, Roma-Bari, Laterza, 2002; Massimo L. Salvadori, *Storia d'Italia e crisi di regime. Saggio sulla politica italiana, 1861-2000*, Bologna, il Mulino, 2001.

e nelle parole d'ordine di gran parte dell'estrema sinistra; da ampi strati di questo mondo, l'approdo del Pci al governo e l'accordo con il partito cattolico viene vissuto come un tradimento delle promesse rivoluzionarie e dell'identità politica dei militanti comunisti e come un'inaccettabile compromissione con un potere giudicato illegittimo e criminale. Questo passaggio provoca, nella seconda metà degli anni Settanta, una serie di reazioni che prevalentemente assumono la forma della disaffezione alla politica, della fine della mobilitazione e del riflusso nel privato, dell'avvicinamento al mondo della controcultura nelle sue diverse declinazioni o della continuazione della militanza attraverso l'impegno civile o umanitario[2] e che, in una minoranza di casi, consistono nel passaggio a formazioni eversive, talvolta anche armate e terroriste.

Se il rapporto con la lotta armata riguarda un'esigua porzione di militanti e avviene attraverso numerosi e complessi passaggi, è tuttavia condivisibile l'analisi di quanti hanno sostenuto che l'ideologismo, già visibile nella stagione della contestazione, costituisce la premessa della successiva radicalizzazione e impoverimento delle idee per cui si assiste all'affermarsi di involute ortodossie ideologiche, di miopi visioni del presente e del futuro, di un messianismo fanatico e di pratiche violente che sottoposero le istituzioni democratiche a una crescente tensione.

E tuttavia il lungo Sessantotto fu soprattutto altro: una stagione di mobilitazione collettiva che contribuì a sostanziare la democrazia, ad allargare la base della partecipazione alla costruzione della *polis* e a inverare il dettato costituzionale, restituendo piena cittadinanza a gruppi sociali che fino a quel momento erano stati in larga misura esclusi dai diritti formalmente riconosciuti in egal misura a tutti cittadini; come ha notato Marica Tolomelli:

2. Queste forme di impegno meno totalizzanti, ma significative nell'incidere in importanti ambiti della vita del paese caratterizzano anche la mobilitazione del decennio successivo: si pensi all'ambientalismo, al contrasto alle mafie, ai movimenti per i diritti civili e degli omosessuali, al femminismo, all'esperienza dei centri sociali, al pacifismo. Il passaggio agli anni Ottanta non segna il tramonto della militanza, quindi, anche se la cesura tra i due decenni è netta e particolarmente evidente nel cambiamento di prospettiva: è ora l'individuo con la sua esistenza e le sue aspirazioni a occupare il centro della scena, sostituendosi ai soggetti collettivi e alle ideologie.

Nei Settanta si verifica una positiva sinergia tra società civile e istituzioni statuali che ha come esito le riforme, le quali non solo sancivano giuridicamente mutamenti nei rapporti interpersonali e nella mentalità, ma incoraggiavano l'azione collettiva, in questo stava l'avvicinamento tra livello sostanziale e livello formale della democrazia. In altre parole, si passava dalle forme della democrazia rappresentativa a quelle della democrazia deliberativa e partecipativa, senza che queste sostituissero completamente le prime.[3]

Alla fine degli anni Ottanta, Sergio Zavoli in un'intervista a Enrico Fenzi affrontò la questione del linguaggio delle Brigate rosse, raccontando come un giovane terrorista avesse sostenuto che a lui e ai suoi compagni fosse "venuta meno la parola" e chiedendo all'intervistato come potesse una rivoluzione essere priva di parole; il professore genovese rispose che la storia del terrorismo degli anni Settanta è, insieme ad altre cose, la storia della sconfitta della parola che si manifesta nell'incapacità di creare un nuovo linguaggio.[4] Non può essere un caso che Zavoli abbia scelto di discutere questo argomento con un uomo che, prima e dopo essere stato un brigatista, è un filologo; eppure, come abbiamo visto, né le Brigate rosse hanno mai avuto il minimo interesse per il contributo intellettuale che il professore avrebbe potuto apportare in termini di acribia interpretativa e di creazione linguistica, né l'amore per il *logos* ha impedito a Fenzi di scegliere l'annullamento nell'azione. Le Brigate rosse, infatti, si inseriscono in quel lungo filone di terroristi che hanno esaltato il gesto a discapito della teoria e questo tratto fortemente caratterizzante – al di là delle eccezioni, degli scarti e delle contaminazioni che riguardano alcuni momenti, alcune figure e alcuni contesti – costituisce la differenza fondamentale tra questa organizzazione e i gruppi dell'estrema sinistra, anche i più estremisti. Allo stesso modo e con evidenza forse maggiore, la mortificazione della parola mostra la distanza tra il terrorismo politico e la precedente stagione della contestazione sessantottina,[5]

3. Marica Tolomelli, *Azione collettiva e movimenti per i diritti di cittadinanza*, in *L'Italia degli anni Settanta*, p. 89. Cfr. Antonio Floridia, *La democrazia deliberativa: teorie, processi e sistemi*, Roma, Carocci, 2013.

4. Zavoli, *La notte della Repubblica*, p. 218.

5. Il rapporto tra Sessantotto e lotta armata, oltre a costituire un frequentato *topos* polemico nel discorso pubblico, è stato affrontato a livello storiografico da

quando "prendere la parola" era avvertita come una delle conquiste più urgenti e importanti. Sotto questa lente, quell'acqua tumultuosa, attraversata da correnti contrastanti e risuonante di parole – pur di segno diverso e talora opposto – appare un ambiente fondamentalmente estraneo per il muto pesce terrorista.

diversi studiosi. Cfr. *Gli anni dell'azione collettiva*; *La cultura e i luoghi del '68*, a cura di Aldo Agosti, Luisa Passerini e Nicola Tranfaglia, Milano, Franco Angeli, 1991; Anna Bravo, *A colpi di cuore. Storie del Sessantotto*, Roma-Bari, Laterza, 2008; Colarizi, *Storia dei partiti nell'Italia repubblicana*; De Luna, *Le ragioni di un decennio*; Marcello Flores, Alberto De Bernardi, *Il Sessantotto*, Bologna, il Mulino, 1998; Marcello Flores, Giovanni Gozzini, *1968. Un anno spartiacque*, Bologna, il Mulino, 2018; Passerini, *Autoritratto di gruppo*; Tarrow, *Democrazia e disordine*; Tolomelli, *Il Sessantotto*; Ventrone, *"Vogliamo tutto"*.

Indice dei nomi

Finito di stampare
nel mese di luglio 2022
da The Factory s.r.l.
Roma